인맥의 틀
인맥관리의
기술

인맥의 달인이 공개하는
인맥 관리의 기술

초판 1쇄 인쇄 | 2008년 4월 10일
초판 7쇄 발행 | 2010년 11월 1일

지은이 | 김기남
펴낸이 | 공혜진
펴낸곳 | 도서출판 서돌

출판등록 | 2004년 2월 19일 제313-2004-239호
주소 | 서울시 마포구 서교동 396-58
전화 | 02-3142-3066
팩스 | 02-3142-0583
메일 | editor@seodole.co.kr
홈페이지 | www.seodole.co.kr

ISBN 978-89-91819-21-4 03320

* 책값은 뒤표지에 있습니다.
* 잘못 만들어진 책은 구입하신 서점에서 교환해드립니다.
* 이 책의 내용과 편집 체제의 무단 전재 및 복제를 금합니다.

인맥의 달인이 공개하는

인맥관리의 기술

· 김기남 지음 ·

사람들은 세상의 중심이 되어 서로 어울리면서 복잡한 관계를 이루며 살아간다. 각종 비즈니스나 모임은 사람이 없고서는 이뤄지지 않는다. 개인이든 조직이든 결국 일을 이끌어가는 것은 사람이고, 사람과 사람의 연결고리가 일을 추진하는 핵심이다.

물고기는 물을 떠나서 살 수 없다. 마찬가지로 사람은 인간관계를 떠나서는 살 수 없다. 어떤 사람과 어떻게 관계를 맺고 유지하느냐에 따라 미래의 운명이 달라질 수 있다. 즉 인맥은 인생의 가장 중요한 성공 열쇠다. 우리 인생을 성공적으로 만드는 활력소이며 에너지다.

훌륭한 경영자나 관리자는 꿈(목표, Vision), 깡(결단력, 의사 결정), 꼴(품위, 인품), 끼(재능, 역량), 끈(인맥, Network)을 갖춰야 한다. 어느 한 가지라도 부족하면 훌륭한 리더가 되기 어렵다. 이

중 '끈'은 요즘같이 복잡다단한 세상에서 가장 필요한 리더십 인자다. 주변에 사람을 끌어 모으고, 적재적소에 배치해 활용할 수 있도록 만들기 때문이다.

내가 주재하고 있는 중국에는 '꽌시關係'란 말이 있다. '사람과 사람, 사람과 사물 등 둘 이상이 서로 걸리는 일, 어떤 것이 다른 것에 영향을 미치는 일'로 '관계'를 뜻하는데, 중국 사회의 특징을 단적으로 나타내는주는 말이다. 중국에서는 이 '꽌시', 즉 우리식 표현으로 '인간관계'가 없으면 일이 제대로 성사되지 않는다. 일상적인 만남은 물론, 공적이고 사업적인 일까지 꽌시에 의해 결정되기 때문이다. 중국 고전 소설들을 봐도 이러한 경향이 보인다. 그 유명한 『삼국지』의 유비, 관우, 장비의 '도원결의'도 바로 '꽌시'다. 이 관계를 기반으로 그들은 천하를 호령하는 데 힘을 쓴다.

이러한 중국의 '꽌시'는 "되는 일도 없고 안 되는 일도 없다"라는 말로 대변된다. 상대와 친분이 있으면 안 되는 일도 될 수 있고, 친분이 없으면 되는 일도 안 될 수 있다는 말이다. 이는 중국에서 인맥 관리가 얼마나 중요한가를 시사해주는 내용이다.

한국 사회도 예외는 아니다. 요새는 다소 부정적인 개념으로도 인식되고 있지만, 우리 사회에 널리 퍼져 있는 '학연, 지연,

혈연' 이란 말은 우리 사회에서 인맥의 중요성을 나타내는 방 증이기도 하다. 그러나 이러한 인맥은 필요에 의한, 다소 피상 적인 인맥일 수 있다. 진정한 인맥은 그런 것이 아니다. 그런 면 에서 이 책의 저자는 바로 피상적 인맥을 넘어서서 진정한 인 맥을 구현할 줄 아는 사람이다.

우리는 학교 선후배로 30여 년이 넘게 허물없이 지내고 있다. 그래서 나는 그가 평소에 주변 사람들을 어떻게 대하는지 매우 잘 알고 있다. 진솔하고 투명한 성품을 지닌 저자는 꾸밈이 없 고 사람 대하는 일에 성심성의를 다한다. 이 책에도 그러한 저 자의 평소 성품과 모습이 그대로 담겨 있다. 마치 오랜 친구와 포장마차에서 소주잔을 기울이며 주고받는 경험담 같아서 친 근한 느낌이 든다. 그러나 한편 정신이 번쩍 들기도 한다. 나는 이렇게 마음을 다해 주변 사람을 대했는지, 주변 사람들과 맺 은 인연의 끈을 잘 유지하려 애썼는지 반성하는 마음이다.

부디 많은 독자가 이 책을 읽고 인맥 관리의 필요성을 느꼈 으면 좋겠다. 그것만으로도 저자는 큰 보람을 느낄 것이다. 이 왕이면 느끼는 데에서 끝나지 말고, 이 책에 나온 방법들을 꼭 실천해봤으면 한다. 그래야 이 책이 지닌 가치가 더욱 빛날 것 이다.

이 책을 읽는 모든 사람들이 저자의 인맥 관리 경험을 토대로 자신의 인맥 나침반을 얻게 되길 바란다. 더불어 미래에 전개되는 인생에 더욱 큰 감동과 축복이 함께하기를 빈다.

(주)삼성전자 중국 소주 LCD 법인장
강완모 상무

HP의 창업자 데이비드 패커드는 "좋은 사람을 만나는 것은 신神이 내리는 축복이다. 그 사람과의 관계를 지속시키지 않으면 그 축복을 저버리는 것과 같다"고 하였다. 21세기는 인맥지수가 경쟁력이다. 당신이 이 책을 덮을 때쯤이면 사람을 통해 더 큰 세상과 교류할 수 있는 혜안을 지니게 될 것이다.

— 안상수 국회의원(한나라당 원내대표)

『인맥의 달인이 공개하는 인맥 관리의 기술』에는 저자가 20여 년의 현장 경험을 통해 쌓은 인간관계의 노하우를 많은 경제인에게 전해주고자 하는 깊은 뜻이 담겨 있다. 가정교육에서부터 사회교육에 이르기까지 사례를 들어 설명한 내용들은 사회 첫발을 내딛는 신입사원부터 간부사원, CEO에 이르기까지 '함께하는 성공'을 지향하는 모든 이들이 읽고 실천하면 큰 소득이 될 것이다.

— 이남규 소장(LG전자 동경연구소)

개인의 능력을 측정하는 지수가 점점 늘고 있다. 전통적인 IQ, EQ 외에 최근에는 MQ(도덕성지수), CQ(창의성지수), SQ(사회성지수), NQ(공존지수)까지 등장했다. 창의성이 강조되는 시대에 CQ는 매우 중요하다. 그러나 복잡한 인간관계를 원활히 유지하여 비즈니스를 성공시키는 데는 SQ나 NQ가 매우 중요하다. 굳이 순서를 따진다면 'NQ〉SQ〉CQ〉기타' 일 것이다. 그만큼 NQ가 중요하다. 그런 의미에서 『인맥의 달인이 공개하는 인맥 관리의 기술』은 오늘을 살아가는 사람들에게 매우 유익한 도구를 제공해줄 것이다.

— 서영복 상무(삼성전자)

현대 사회가 복잡해지고 다양해짐에 따라 인맥 관리가 매우 강조되고 있다. 신뢰를 바탕으로 한 인간관계와 인맥 관리는 주위 사람들과 조화롭게 살아갈 수 있도록 하며, 조직과 사회에서 인정받게 되는 것은 물론 성공 기회까지도 제공해준다. 이 책은 그러한 인맥의 중요성, 인맥 관리의 비법, 특히 인맥 관리에 대한 저자의 다양한 경험을 담고 있다. 보다 원만한 인간관계와 성공을 추구하는 독자들에게 일독을 권하고 싶다.

— 양정영 교수(경기대학교 관광경영학)

불확실한 내일을 걱정하던 학창 시절, 우연히 접한 데일 카네기의 『처세론』이란 책을 밤새 읽으며 인맥에 대해 고민하던 기억이 있다. 그때부터 20여 년이 흐른 지금, 인맥 관리는 단순한 기교가 아니라 철저한 자기희생과 자기 계발이 바탕이 된 노력의 결정체라는 필자의 주장과 그의 생생한 경험담을 읽다 보니 어느새 새벽이 밝아오고 있었다.

— 이영수 변호사

머리말

    학교를 졸업하고 직장이라는 새로운 사회에 첫 발을 내딛게 되면, 우리는 새로운 사람들과의 관계에 맞닥뜨리게 된다. 학창 시절의 만남은 이런 관계에 비해 비교적 자유롭다. 특별한 이해관계나 목적의식 없이 함께 어울리고 공부한다. 그러나 사회에 발을 디디게 되면서 이러한 사정은 180도 달라진다.

    일단 사회에 나오면, 살아온 환경이나 문화, 가치관이 다른 사람들과 수없이 만난다. 만나는 목적도 다 다르다. 이러다 보니 문제가 생긴다. 사람 만나는 일이 불편해진다거나 만남 자체가 꺼려진다. 한 번 만나고 다시 만나지 않는 사람도 생긴다. 심지어 떠올리고 싶지 않은 사람도 부지기수다.

    그런데 이래도 되는 걸까? 분명 인사하고 악수까지 나눈 사이인데, 단순히 살아온 환경이 다르고, 이해관계가 다르고, 가치관이 다르다고 해서 경원시해도 되는 것일까? 다음에 다시 만날 일이 없다고 해서 앞으로 모르는 사람인 양 무시하고 살아도 되는 것일까? 게다가 사람의 인연이란 언제 어디서 다시 엮어질지 모르는 일이다. 오늘 단순한 모임에서 만난 사람을 5년 후 비즈니스로 다시 마주치게 될지도 모른다.

이런 생각을 하니 만나는 사람 하나하나가 소중한 느낌이 들었다. 한 사람, 한 사람 만나는 게 얼마나 큰 인연인가! 이 인연들을 소홀히 하고 싶지 않았다.

"이렇게 소중한 인연을 오랫동안 기억할 수 있는 방법이 없을까?"

나는 많이 고민하고 그 방법들을 찾아봤다. 그런데 주위에 마땅히 조언해줄 사람도 없었고, 참고할 만한 책을 찾기도 힘들었다. 인맥 관련 도서들은 대부분 이론이나 주관적인 생각 위주로 씌였거나, 외국 책들이 대부분이어서 한국 실정, 특히 평범한 직장인이나 중소기업 경영자들에게는 맞지 않은 것들이 꽤 많았다.

그래서 나는 나름대로 여러 가지 방법을 강구해보고 시도해봤다. 사람을 만날 때에는 어떻게 하면 좋은지, 연락은 언제 어떻게 할 것인지, 사람을 오래 기억하고 관계를 유지할 수 있는 방법으로는 어떤 것들이 있을지 등등.

그렇게 20여 년이 흘렀다. 지금은 그간 익히고 닦았던 인맥 관리 노하우를 남에게 이야기할 정도가 되었다. 이런 내 이야기를 들은 사람들이 회사로 초청해 강연을 해달라고 부탁하는 일도 생겼다. 그러다 보니 좀 더 체계적인 도움을 줬으면 하는 마음이 생겼다. 그래서 강의록을 겸해 책을 쓰기 시작했다.

대학에서 공부를 마치고 사회에 첫 발을 내딛는 사회 초년생이든, 창업을 준비하는 분이든, 영업 현장에서 뛰고 있는 분이든, 공직자·군인·종교인이든, 사회 각계각층에 종사하는 모든 분들이 따뜻하고 건설적인 상생의 인간관계를 맺는 데 이 책이 작은 도움이 되었으면 한다. 부디 조화롭고 아름다운 인간관계를 통해 저마다 세운 모든 일들을 원만히 성취하길 바란다.

책이 나오기까지 조언을 해주신 여러 분들—김성우 작가님, (주)씨넷 한무근 사장님, 이현미 대리, 윤점홍 상무, 이남규 소장, 양완희 국장, 이득영 사장님—진심으로 감사합니다. 또한 책을 멋지게 만들어주신 서돌의 공혜진 사장님과 김재현 팀장 및 이하 관계자 분들께도 고마운 마음을 전합니다.

마지막으로 자식 잘되기를 노심초사 기원하시는 어머니, 제 옆에서 항상 응원해주는 우리 가족, 진심으로 사랑합니다.

김 기 남

C·O·N·T·E·N·T·S

3장 인맥 관리의 시작은 첫 만남이다

4장 명함 정리를 잘하라

5장 인맥 관리 플래너 사용법

왜
인맥 관리가
필요한가?

1

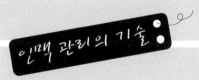

■ ■ ■

'인간'은 '사람 인人' 자와 '사이 간間' 자를 합친 말로, 인간이란 말 자체가 이미 사람 사이의 관계를 설정하고 있음을 알 수 있다. 인간은 타인과 끊임없는 관계 속에서 사회를 형성하고 발전시킨다. 따라서 사회 속에서 여러 경로로 형성되는 '사람들의 관계', 즉 '인맥'을 맺는 것은 필요불가결한 일이다.

누구 못지않게 열심히 사는데 원하는 만큼 결과가 나오지 않는다면, 자신의 인맥을 한번 살펴볼 필요가 있다. 좋은 인간관계, 좋은 인맥을 통해 다른 사람과 잘 협력할 수 있는 능력이 부족한 데 그 원인이 있는 경우가 많기 때문이다. 학교에서는 우등생이었던 사람이 사회에서 좀처럼 빛을 발하지 못하는 이유도 인간관계에 문제가 있는 경우가 대부분이다.

이처럼 좋은 인맥을 맺지 못하는 이유는 두 가지다. 하나는 인맥의 중요성을 제대로 인식하지 못해서 인맥 관리에 충분한 시간과 노력을 기울이지 않기 때문이다. 둘째는 인맥을 제대로 관리하는 방법을 모르기 때문이다. 이렇다 보니 그저 안면을 튼 사람만 많을 뿐인데 인맥이 좋은 것이라고들 착각한다.

따라서 인맥에도 세심한 관리가 필요하다. 삶에 영향을 미치는 인맥은 사회를 살아가는 데 있어 필수불가결한 생존 전략이기 때문이다.

왜 인맥이 중요한가?

나는 지금까지 오랜 직장생활과 사업 경영을 통해 '사람 사이'의 중요성을 실감했고, 인간관계야말로 삶의 처음과 끝이라고 할 만큼 중요하다는 것을 뼈저리게 느끼고 있다. 내가 위기에 봉착했을 때 다시 딛고 일어설 수 있었던 것도, 새로운 기회를 발판으로 한 단계 도약할 수 있었던 것도 모두 주변의 고마운 이들이 없었다면 불가능했다.

한 설문조사 기관에서 퇴사한 직장인을 상대로 퇴사 사유를 물은 결과, '일이 맞지 않아서'라고 대답한 사람은 전체의 약 10퍼센트에 불과했다고 한다. 나머지 대부분의 직장인은 '회사의 간부 등 다른 사람들과 잘 맞지 않아서'라고 대답했다고 한다.

또한 회사 경영자들에게는 '당신은 어떤 능력으로 경영자가 되었는가?' 라는 질문을 했는데, '기술과 지식 면에서 다른 사람보다 우수했기 때문에' 라고 대답한 사람은 전체의 15퍼센트에 불과하고, 나머지 대다수 경영자는 '대인관계가 좋고 남과 잘 사귈 수 있었기 때문에' 라고 대답했다고 한다.

이와 같은 결과에 미루어볼 때, 사회적 성공은 원만한 인간관계와 비례한다 해도 과언이 아닐 것이다.

최근에는 인맥 관리의 중요성이 더욱 부각되고 있다. 헤드헌팅 기업은 인맥을 얼마나 형성하고 있는가를 스카우트 기본 조건으로 삼기도 하며, 취업이나 이직도 아는 사람을 통해서 이뤄지는 경우가 빈번하다. 인맥 관리를 잘해서 성공한 부자들도 많은 반면, 잘못된 인간관계로 평생 쌓아놓은 명성과 재산을 잃고 신세를 망치는 사람들도 있다. 요즘에는 인터넷을 기반으로 한 온라인상의 인맥인, '넷연net緣' 이란 신조어까지 등장했다.

우리는 이처럼 촘촘하게 얽힌 인간관계 속에서 서로 영향을 주고받으면서 살고 있다. 몇 가지 예를 들어보자.

● 취업

청년 실업이 문제되고 있는 요즘, 인맥도 취업하는 데 있어서 중요한 경쟁력으로 작용한다. 그래서 취업 준비생들이 학교 선배들을 찾아다니며 인맥 만들기에 열을 올리는 것이다. 이는 단순한 줄타기가 아닌 인맥의 힘이다.

실제로 취업 컨설턴트들은 취업 준비생들에게 희망 업계에 종사하는 선배들에게서 취업 노하우를 배우라고 조언한다. 수시 채용을 하는 회사의 경우는 선배들을 통해 공개되지 않은 채용 정보를 얻거나, 추천으로 취업문을 뚫을 수도 있다.

또는 인턴 근무를 하면서 알게 된 인맥을 잘 관리해 이를 토대로 취업에 성공하는 사례도 적지 않다. 취업의 경우, 인맥은 곧 취업 정보다.

● 이직 또는 재취업

힘들게 취업했어도 막상 회사를 다니다 보면, 이직이나 퇴직을 해야 할 때가 있다. 이럴 때 주위에 아는 사람이 많다면 자신에게 어울리는 자리를 여러 군데 추천받을 수 있다.

자신의 업무 태도나 능력을 좋게 평가하는 사람이 많으면 많을수록 더욱 유리하다. 나 역시 주변의 성실하고 능력 있는 사람이 이직을 희망하는 경우에는 주변 사람이나 거래처에 적극적으로 그 사람을 추천한다.

IT업계에서 20년 가까이 근무하다 IMF 직후 권고사직을 당한 Y씨는 7년간 타 업종을 돌며 방황하다, 우연히 '인맥을 관리하라'라는 세미나를 듣고 그동안 연락을 끊고 지내던 과거 지인들과 연락을 취해 만나게 되었다. Y씨의 실력과 성실성을 익히 알고 있던 지인들은 그의 재기를 적극 도왔고, Y씨는 7년 만에 재취업에 성공하였다. '인맥이 재취업의 자산'이 된 것이다.

반면, 평소에 인맥 관리를 등한시한 사람은 이럴 때일수록 후회할 일만 생긴다. 대기업에 근무하면서 갑(甲)으로 대접받는 데 익숙했던 K씨. 그는 평소 협력업체 직원을 무시하고, 무난히 넘어갈 수 있는 일도 까다롭게 굴곤 했다. 그런 그가 사소한 실수로 일자리를 잃고 곤경에 처하자, 아무도 선뜻 도와주는 사람이 없었다.

이렇듯 평소에 관련 인맥을 잘 쌓아두어야 벼랑 끝에 내몰려도 살아날 길이 생긴다. 이직의 경우, 인맥은 내 능력을 적재적소에 배치해주는 네비게이션이다.

● 승진

직장생활을 하다보면 승진의 문이 좁다는 걸 느끼게 된다. 대상자는 많은데 실적과 능력은 엇비슷해 보인다. 이럴 경우 누가 승진이 될까? 아무래도 인간관계가 좋은 사람이 유리하다. 인간관계가 좋다는 건 여러 사람에게 신뢰를 주고 신뢰를 받고 있다는 의미다. 당연히 조직을 화합시키고 직원들의 능력을 이끌어내는 데 탁월한 능력을 발휘할 수 있다고 평가받는다.

한국국제금융원의 김상경 원장은 중간 관리자급에서 한 단계 더 뛰어오르려면 인맥 네트워크는 필수적이라고 강조한다. 특히 여성 직장인의 한계에 대해 "대부분의 여성이 일만 열심히 하면 성공할 것이라고 생각하지만, 이는 잘못된 생각이다. 위로 올라갈수록 좌절하는 일이 많이 생기는데, 이는 평소 네트워크를 잘 쌓지 못해 인맥이 없는 탓이다"라고 말한다.

여성이 사회에서 남성들과 경쟁하면서 가장 큰 벽으로

느끼는 것은 네트워크를 통해 형성되는 정보의 부족이라는 것이다. 김 원장 자신은 인맥 관리의 중요성을 일찍 파악하고 철저한 관리를 통해 자신만의 인맥 네트워크를 구축하여, 여성으로서는 드물게 금융권에서 승승장구할 수 있었다. 승진의 경우, 인맥은 성공의 네트워크다.

● 창업

퇴직을 앞두고 있거나 직장생활이 자기 적성이 아니라고 생각하는 직장인이라면 누구나 한 번쯤 창업을 꿈꾼다. 요즘같이 명예퇴직이 빈번한 사회에서는 더욱 그렇다. 그렇다고 직장 다닐 때처럼 막연히 '나중에 배추장사나 하지 뭐'라는 생각으로 창업을 준비해서는 안 된다. 직장을 그만두면 월급을 못 받는 선에서 끝나지만, 창업해서 실패하면 전 재산이 날아가기 때문이다.

따라서 도움을 줄 사람들이 절실히 필요하다. 평소에 인맥을 잘 관리해두었다면 이럴 때 큰 힘이 된다. 어떤 아이템으로 창업할 것인지, 어느 곳에 자리를 잡을 것인지, 초기 비용은 어느 정도 소요될 것인지, 아이템에 맞는 인테리

어와 그 비용은 얼마쯤 들 것인지를 관심 분야의 핵심 인맥과 경험자들을 통해 다양하게 알아볼 수 있기 때문이다.

새로운 사업 아이템이 있다면 관련 분야에 몸담고 있는 지인이나 그들의 소개로 만난 사람에게 자문을 구할 수도 있다. 여러 인맥을 통해 관련 사업에 관한 보다 다양한 의견을 접하면 객관적인 시각을 잃지 않고 사업을 시작할 수 있다. 창업의 경우, 인맥은 핵심 조력자가 된다.

● **고객 확보 및 사업 신장**

비즈니스는 대개 계약과 협상으로 이뤄지는 경우가 많다. 이런 경우 인맥은 그야말로 가장 큰 자산이다.

최근 한 중견 제약사는 대형 제약사의 마케팅 팀장을 1억 원대 연봉으로 스카우트했다고 한다. 그가 의료 관련 학회와 교수들 사이에 모르는 사람이 없을 만큼 확실한 인맥 관리로 유명했기 때문이다. 고객을 확보하는 게 가장 중요한 경쟁력인 제약업계에서는 그가 맺고 있는 인맥의 질과 양이 곧 시장 점유율로 이어지기 때문에 억대 연봉이 아깝지 않다는 게 회사 관계자의 판단이었던 것이다.

회사의 경우에도 거래처를 확장하거나 신규 아이템을 개발할 파트너를 구할 때 인맥의 도움을 받을 수 있다. 어느 회사가 어느 쪽에 강점을 지니고 있는지, 장래성은 어떤지 지인의 소개를 통해 탐색이 가능하다. 또한 소개까지 받을 수 있다. 무엇보다 정보의 질이 담보되니 안심하고 만날 수 있으며, 성사만 잘되면 공고한 파트너십을 구축하여 회사가 성장하는 데 큰 발판이 된다.

무엇보다 비즈니스에서는 신뢰를 잃지 않는 게 가장 중요하다. 사업에 있어서 신뢰를 기반으로 한 VIP 인맥은 또 다른 VIP 인맥으로 이어지고, 사업을 번창시키는 동인이 된다. 사업의 경우, 인맥은 사업 발전의 원동력이다.

● **국제 비즈니스**

요즘 같은 글로벌 시대에는 국제관계도 대단히 중요한 몫을 차지한다. 상품 시장만 놓고 본다 하더라도 세계 시장을 감안하지 않고서는 국가 경영도 기업 경영도 해나갈 수가 없다.

약 3년 전인 2005년 6월, 중국해양석유총공사CNOOC가

미국의 8위 석유업체인 유노칼Unocal 인수전에 뛰어들어 세계를 놀라게 한 적이 있었다. 경쟁 상대는 당시 세계 2위의 석유업체인 셰브런Chevron Corporation으로, '중국의 미국 침공'이라는 표현까지 나왔을 정도였다. 이를 가능케 한 것은 인맥이었다. 월스트리트의 중국계 금융인인 골드만삭스의 팡 펑레이方風雷 중국법인 회장과 JP 모건 체이스의 찰스 리 중국법인 회장이 수수료가 3억 달러나 걸린 빅딜을 주도했던 것이다.

이처럼 현재 국제 비즈니스에서 인맥이 차지하는 역할은 상상을 초월한다. 우리도 예외일 수 없다. 특히 원자재가 부족한 우리나라 입장에서는 더욱 그렇다. 무역뿐만 아니다. 스포츠, 국가 외교 정책에 이르기까지 국제 인맥의 중요성은 날로 부각되고 있다.

쟁쟁한 국가의 외교관을 제치고 UN의 수장으로 선출된 반기문 사무총장을 한번 생각해보자. 여타 국가들과 쌓은 끈끈한 관계가 없었다면 아마 불가능했을 것이다. 국제관계의 경우, 인맥은 세계를 좌지우지하는 핵심 연결고리다.

● 각종 민원 해결

살다 보면 여러 가지 문제에 부딪힐 때가 많다. 금융, 법률, 의료, 세무, 기타 등등. 이런 문제는 서비스 분야에 속하다 보니 큰일이 아니어도 많은 비용과 시간이 소모될 수 있다. 하지만 관련 분야에 아는 사람이 있다면 의외로 쉽게 풀릴 일들이다. 그렇다고 해서 불법적인 일을 행하라는 뜻은 아니다. 관련된 일에 대한 정보를 얻고, 가장 쉽고 빠르게 해결할 수 있는 방안이 무엇인지 알 수만 있어도 매우 큰 소득이다. 이런 경우에는 아무래도 '아는 것이 힘'이기 때문이다.

시급을 다투는 상황에서 병원에 남는 입원실이 없다면 다른 병원에 빈 병실이 있는지 알아봐주고, 법률적인 문제라면 이런 사건에는 누가 전문가라더라 하고 수소문해 알려줄 수 있다. 이 정도 도움만 받아도 몇 배는 빠르게 일이 해결된다. 민원 해결의 경우, 인맥은 빠르고 신속한 일처리를 가능하게 해주는 가이드라인이다.

이뿐만 아니다. 주위를 둘러보라. 정치인, 기업인, 연예인, 군인, 스포츠 스타에 이르기까지 주변 사람들의 도움 없이 큰 성공을 이룬 사람은 드물다. 이들은 인맥의 소중함을 잘 안다. 우리 인생이 촘촘히 짜여진 인간 그물망에서 이뤄지며, 그 안에서 정성껏 쌓은 인간관계가 자신을 더 높은 위치로 끌어올려준다는 것을 정확히 꿰뚫고 있다.

우리는 이처럼 촘촘히 얽힌 인간관계 속에서 서로 영향을 주고받는다.

인맥 관리는 성공 전략이다

사회생활을 잘하기 위해서는 원만한 대인관계는 필수다. 이 점을 부정할 수는 없을 것이다. 하지만 어떻게, 그리고 어디까지 해야 하는지 고민이 생길 것이다.

기술의 발달은 일 처리 속도를 높이고, 사람들의 활동 무대를 넓혔다. 이와 비례해 만나야 할 사람도 늘어나게 되었다. 그야말로 인간관계의 홍수 속에서 살고 있는 셈이다. 당연히 어디서 어떻게 누구를 만나야 하는지, 어떤 사람을 우선순위로 만나야 하는지, 어느 선까지 관계를 맺고 유지해야 하는지 고민이 생길 수밖에 없다. 다양하고 가변적인 인간관계 속에서 어떻게 관계를 유지해야 하는지 판단하기가 점점 더 어려워지고 있는 것이다.

그렇다고 아무런 기준도 없이 되는 대로 할 수는 없는 노릇이다. 더구나 어렵사리 만든 관계를 그저 시간의 흐름 속에 내맡겨 흘려보낼 수는 없지 않은가.

바로 이러한 이유들로 합리적이고 체계적인 인맥 관리가 필요한 것이다.

지나온 생활을 돌이켜보건대, 현재 몸담고 있는 분야에서 광범위하게 인프라를 구축하는 일도 매우 중요하지만, 그 관계를 꾸준히 오랜 기간 유지하는 게 더욱 중요하다. 이는 많은 노력

과 인내를 필요로 하는 일이며, 동시에 체계적이고 합리적인 관리가 필요한 일이다. 이제는 혈연·지연·학연에 주로 의존해 주먹구구식으로 이뤄져 왔던 과거 방식의 인맥 관리는 더 이상 효용성이 없다.

지금 당장 절실한 인맥의 우선순위를 정하는 일, 친숙했던 사람들과 관계를 회복시키는 방법, 안정된 네트워크를 바탕으로 인맥을 지속적으로 확대하는 요령 등 인맥을 효율적으로 관리하는 노하우를 터득해보자. 이는 성공을 향한 자기계발의 과정이기도 하다.

이제 인맥 관리는 21세기 생존 전략 중 하나다. 인간관계를 어떻게 맺고 매듭을 짓느냐에 따라 우리 인생이 달라진다. 그것은 '성공'일 수도 있고, '행복'일 수도 있다. '인맥 관리'라는 말이 자칫 딱딱하고 계산적으로 느껴질 수도 있다. 하지만 성공한 삶은 물론이요, 행복한 인생을 위해서도 인간관계를 관리하는 것은 꼭 실행해야 할 전략이다.

무엇보다 인맥 관리는 '사람과 관계된 일'이기에 진정성이 없으면 하기 힘들다. 지금과 같이 일회성 인간관계가 난무하기 쉬운 세상에서는 더욱 그렇다. 인맥 관리도 시간과 정성이란 점을 잊지 말아야 한다.

인맥 관리를 자신과 관계없는 거창한 것으로 생각하거나 사람을 만나고 다루는 일에 자신이 없는 사람들, 혹은 발이 넓은 것을 인맥이 넓은 것으로 착각하는 사람들은 인맥 관리가 결국은 시간과 정성을 들여 주변 사람들과 '진정한' 관계를 형성하는 것임을 알아야 한다.

생활 속에서 실천하는
인맥 성공 노하우

당장 인맥의 우선순위를 정하라

가장 가까운 사람들로 시작해서 넓혀라

친숙했던 사람들과 관계를 회복하라

네트워크를 활용하여 지속적으로 확대하라

몸담고 있는 분야에서 광범위한 인프라를 구축하라

진정성을 갖고 시간과 정성을 들여라

상대를
내 인맥으로
만들어라

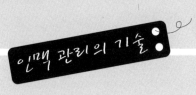

인맥 관리의 기술

'옷깃만 스쳐도 인연.' 흔히들 쓰는 말이다. 일견 고개가 끄덕여진다. 생각해보라. 이 땅에 사는 모든 사람들을 죽을 때까지 다 만날 수는 없다.

대한민국 5천만 사람 중에 고작 0.001~0.002퍼센트 정도 알고 지내는 사이일 테고, 스쳐가는 낯모르는 타인까지 합쳐도 기껏 0.01퍼센트 내외일 것이다. 글로벌 시대니 통 크게 전 세계적으로 헤아려볼까? 전 세계 인구는 60억이다. 그야말로 사람 한 명과 연을 맺게 되는 확률이 60억분의 1이다. 그러니 '옷깃만 스쳐도 인연'이란 말의 뜻이 얼마나 오묘한가!

하지만 실제로 옷깃이 스쳤다고 해서 인간관계로 발전하는 경우는 흔치 않다. 심지어 바쁘게 돌아가는 세상 속에서 이런저런 이유로 맺었던 인간관계마저도 깨지는 일이 허다하다. 이런 세상에서 어떻게 해야 옷깃만 스친 인연을 뛰어넘어 내 인맥으로 만들 수 있을까?

사람을 끌어당기는 힘을 길러라

이왕이면 성공한 사람과 어울리고 싶은 게 사람 마음이다. 따라서 성공한 명사 주변에는 사람들이 끊이지 않는다. 꾸준히 노력하면서 철저한 자기 관리로 실력을 연마하라. 내 주위로 사람들이 몰려드는 것을 체험하게 되리라.

유대인은 세계 인구에서 0.3퍼센트밖에 되지 않지만, 정치·경제·과학·예술·문화 분야에서 세계를 리드하고 있다고 해도 과언이 아니다. 역대 노벨상 수상자 가운데 경제 부문 65퍼센트, 의학 부문 23퍼센트, 물리 부문 22퍼센트, 화학 부문 12퍼센트, 문학 부문의 8퍼센트를 유대인이 차지하고 있다. 그리고 세계 50대 기업 중 21곳을 유대인이 경영하고 있다. 어떻게 이런 일이 가능한 것일까? 그것은 어렸을 때부터 몸에 익힌 자기

지도력self-leadership 때문이다. 유대인의 철저한 자기 관리는 결국 유대인들의 크고 작은 성공으로 이어졌고, 그 성공은 유대인들 주위로 사람들을 끌어들이는 힘을 발휘하면서 또 다른 성공을 낳는 선순환 구조를 만든 것이다. 우리 주변을 둘러봐도 그렇다. 사회 지도층 인사나 유명 인사는 대부분 자기 관리에 성공한 사람들로서, 주변에 사람이 끊이지 않는다. 굳이 이쪽에서 원하지 않아도 알아서 사람들이 모여든다. 철저한 자기 관리가 인간관계와 평판에까지 영향을 미치는 것이다.

이승엽 선수를 보자. 아시아의 거포 이승엽 선수는 뛰어난 자기 관리로 성공한 스타로, 특히 성실한 훈련 자세와 노력은 가족은 물론 일본 선수나 기자, 팬들까지도 놀랄 정도라고 한다. 수많은 스포츠 스타가 어린 나이에 부와 명성을 쌓았지만 자기 관리에 실패하여 사라진 것과는 대조적이다.

이승엽 선수는 자신을 취재하는 기자 수백 명을 대부분 기억하고 있으며, 인터뷰에도 성심성의껏 사실 그대로를 말하고, 오해가 없도록 말씨 하나에도 신경을 쓴다고 한다. 당연히 기자들로부터 호감을 사고 기사도 호의적이다. 또한 아시아 신기록을 달성했을 때에도 그는 자만하지 않고 겸손한 태도로 주위 사람을 대했다. 덕분에 같은 팀 동료, 다른 팀 선수나 코칭스태

프에게서도 찬사를 받을 정도로 원만한 인간관계를 구축했다.

이처럼 늘 자기 관리에 최선을 다하는 사람은 다른 사람들에게 좋은 평판을 받는다. 저쪽에서 먼저 친해지고 본받고 싶은 사람으로 인식하고 접근해온다. 주변에서 정말 괜찮은 사람을 보게 되었을 때 "나 저 분과 잘 지내고 싶은데 소개 좀 해주게"라는 부탁을 해본 적이 한 번쯤은 있지 않은가?

인간관계란 어느 한쪽이 일방적으로 몰아붙인다고 해서 맺어지지 않는다. 짝사랑이 괴로운 이유는 어느 한쪽의 감정이 한 방향으로만 흐르기 때문이 아니던가? 인간관계 역시 마찬가지다. 내가 만나고 싶은 사람을 쫓아다닐 게 아니라, 스스로 다

른 사람들이 만나고 싶어 하는 사람이 되도록 외면적 · 내면적

으로 철저한 자기 관리가 필요하다. 그러면 사람들이 먼저 나

를 선택하고 다가와 줄 것이다.

만나는 사람이 모두
내 인맥이다

내가 관리하고 있는 인맥은 법조계·정계·경제계·언론계·종교계·의료계 등 실로 다양하다. 그렇다고 무슨 목적이 있어서 이렇게 분야별로 인맥이 생긴 것은 아니다.

나는 기본적으로 인연을 소중히 여기고 어떠한 만남이든 최선을 다한다. 만난 시기도 만난 목적도 만난 사람들의 개성도 제각기 다르지만, 그것이 문제가 되지는 않는다. 공적인 일이든 사적인 일이든, 시간과 노력을 기울여 인맥을 관리하는 것은 가장 가치 있는 일이다. 사람에 대한 거짓 없는 관심과 정성을 기울인 친교는 비즈니스의 윤활유인 동시에 심장이 뛰고 있음을 확인하는 마음의 교류다. 이렇게 교류를 맺은 사람은 모두 내게 속한 사람이 된다. 자연히 나는 만나는 모든 사람을 내 인맥이라고 생각하게 되었다.

　인맥 생성의 가장 큰 부분은 아무래도 비즈니스를 꼽을 수밖에 없다. 비즈니스를 하다보면 자연스럽게 만남의 기회가 생기기 때문이다. 현재 내가 구성하고 있는 인맥 중 대부분은 비즈니스 때문에 가능했다.

● 직장 내 인맥

　직장생활을 기반으로 한 인맥은 가장 기초적인 인맥이다. 이해관계가 얽혀 있으면서도 협력관계를 유지해야 하기 때문이다. 그렇지 않으면 직장생활을 할 수 없을 정도로 스트레스를 받기도 하고, 불편한 일이 한두 가지가 아니다. 따라서 직장 내 사람들이 가장 중요한 사람이라는 생각으로 대해야 한다.

　나는 지금껏 세 직장에서 근무했는데, 그때마다 회사 내 사람들에게 최선을 다했다. 상사나 선배로부터는 열심히 업무 기술을 배우고, 항상 동료들을 먼저 챙겼다. 남이 하기 싫어하는 일은 솔선수범해서 먼저 했으며, 부하 직원이나 후배들이 먼저 의견을 말하게 했다. 심지어는 경비 아저

씨가 해야 할 일을 내가 하기도 했다. 일찍 출근하다 보니 남는 시간에 회사 운동장 청소를 했는데, 그 때문에 고마운 마음이 든 경비 아저씨가 사장님 구두를 닦으면서 내 구두도 닦아주려고 했었다. 덕분에 나는 직장을 두 번 옮겼어도 전 직장 사람들과 인연의 끈을 놓지 않고 잘 지내고 있다.

한 회사에서 오랫동안 좋은 인간관계를 유지하며 직장생활을 할 수 있다면 그것 또한 일종의 축복일 것이다. 하지만 사람 사는 일이 어디 그렇게 만만한 일이던가. 더 발전하고픈 개인의 욕구나 뜻하지 않은 주변 상황의 변화에 따라 이직이나 전직을 하는 경우가 간혹 생긴다. 현재 같이 일하는 사람이라 할지라도 언제까지나 함께 갈 수는 없는 노릇이다. 그런 때일수록 지금까지 함께 해온 상사나 동료, 선후배에게 더 잘해야 한다.

이렇게 맺어진 인연은 직장을 떠나서도 계속 나에게 영향을 미친다. 새로운 직장이나 사업을 하면서 전 직장에서 만난 사람이 뜻밖의 행운이나 기회를 가져다주기도 하고, 나에 대한 그들의 평판이 업계의 평판으로 이어지기도 한다. 따라서 직장 내에서의 인간관계를 무엇보다 중요하게 생각하고 평소에 잘하라.

● 거래처 인맥

일을 하다보면 타사와 협력해야 할 때가 있다. 이는 업계 네트워크를 구축하는 일에도 매우 중요하다. 따라서 파트너십이 절대적으로 필요하다. 이러한 파트너십을 유지하기 위해서는 신용을 쌓아야 한다. 신용이 무너지면 거래처와의 관계도 무너지기 때문이다.

즉 거래처와의 약속은 꼭 지켜야 한다. 특히 납품 기일을 어겨서는 안 된다. 나는 거래처와 약속한 일은 반드시 지키려고 노력했고, 덕분에 함께 일하는 사람들에게 신뢰를 얻을 수 있었다. 당연히 업무적으로 소개받는 사람도 늘고, 내가 누군가를 만나고 싶다고 해도 흔쾌히 소개해준다. 거래 관계로 시작했지만, 이제 나를 믿고 일을 맡겨주는 진정한 파트너가 된 것이다.

● 사건·사고로 생긴 인맥

부품을 생산하는 현장에서는 특성상 가끔 사고가 터지기도 한다. T기업에 재직했던 시절, 산재사고가 난 적이 있었다. 그때 실무 담당자가 나였던 관계로 나는 두 달에 걸쳐 담당 형사에게 조사를 받았다.

조사를 받는 두 달 동안 나는 귀찮고 피곤한 내색 하나 없이 형사의 조사에 응했다. 그가 어떤 서류를 요구하면 제대로 잘 준비해서 지참했고, 조사를 받을 때에도 성심성의껏 협조했다. 그랬더니 형사가 나를 대하는 태도가 달라졌다. 조사가 끝나는 날, 정신적으로나 육체적으로나 더 피곤한 입장에 있는 사람은 나였는데도, 나는 형사에게 "그동안 고생하셨으니 나중에 밥이나 한 끼 같이 하시죠"라고 말했다. 이후 같이 밥을 먹고 그게 인연이 되어서 지금까지도 연락하는 사이가 되었다. 시작은 껄끄러웠을지 몰라도 끝은 화기애애하게 마무리된 것이다.

● 비즈니스 관계가 된 동문

요즘은 동문회도 인터넷 사이트나 카페를 통해 결속력을 강화하고 깊이 있는 정보를 교환하는 추세다. 학연이 넷연과 결합한 경우다. 나 역시도 고등학교 동문회 사이트를 자주 가는데, 우리 고등학교 동문회 사이트만 해도 무려 8500명이 회원으로 가입해 활발한 활동을 보이고 있다.

기수별, 지역별, 취미생활별, 종교별 동문 모임과 아내

모임 등은 온-오프라인이 연동되어 참여율이 무척 높다. 특히 분야별 모임은 비즈니스로 연계되는 경우가 많다. 컴퓨터 전반, 정보통신, 기계/금속, 건설/건축, 자동차/교통, 교육, 특허/착상, 금융/증권, 출판/인쇄, 방송/디자인 등 다양한 분야별 모임의 온라인 활동은 동문 간의 정보력과 결속력을 높여 오프라인상의 비즈니스 파트너로 발전하는 경우가 꽤 많다.

이 밖에도 초·중·고등학교, 대학교, 성당 등도 자연스런 인맥 생성의 장이 된다. 또한 각종 모임이나 다양한 사회활동을 통해서도 새로운 인맥이 형성된다.

● **동창, 교우 등 친밀한 인맥**
동창 모임은 수시로 열리는 모임이나 정기적으로 열리는 동창회에 참여해서 안부를 나누고 얼굴을 익힌다. 요즘은 인터넷 카페나 블로그를 통해서도 자주 연락을 취해 학창 시절 버금가는 친밀도를 쌓는다. 성당 교우들은 각종 미사 때나 성당 행사 때 만나 관계를 공고히 한다. 미사가 끝난

후 같이 점심을 먹으면서 세상 사는 이야기도 나누고, 누구네 집에 이번에 결혼식이 있다더라 하는 정보도 교환한다. 성당 행사가 있을 때는 함께 준비하면서 결속력을 다진다.

이런 인맥들은 아무래도 생활습관이나 환경이 비슷하고, 공유하고 있는 추억이 많다보니 끈끈한 정이 생길 수밖에 없다. 그래서 어려운 일이 생기면 누구보다 먼저 허심탄회하게 고민을 나누고, 서로 어떻게든 도와주려고 더 신경 쓰게 된다.

● **각종 단체나 협회, 교육 과정에서 생긴 인맥**

사회생활을 하다 보면, 직장 외에도 다양한 사회활동을 하게 된다. 각종 단체나 협회, 교육기관에서 운영하는 동아리나 경영자 과정, 직무 향상에 도움 되는 직무능력 향상 교육 등에 참여하게 되는 것이다. 이런 모임에서도 다양하고 새로운 인연을 맺을 수 있다.

사람들은 부족한 업무 분야나 관심 분야가 있다면 관련 강좌를 듣고자 하는 욕구가 생기는데, 이런 강좌에 적극적으로 참여함으로써 인맥을 만들 수 있다. 특히 업무 환경이나 직무가 비슷하다거나, 공통으로 관심 있는 사안이 중첩되는 경우가 많아서 보다 좋은 인간관계로 발전할 가능성이 높다. 무엇보다 자발적이고 적극적인 환경에 의해 좀 더 친밀한 관계는 물론이거니와 서로 도움을 주고받을 수도 있어 일거양득의 효과를 얻을 수 있다.

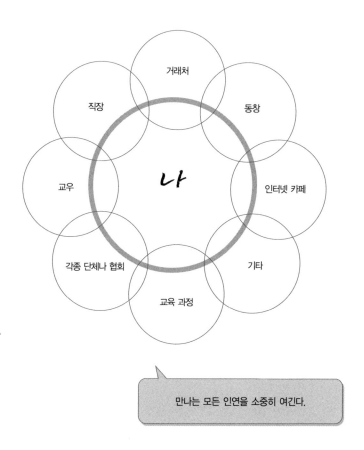

만나는 모든 인연을 소중히 여긴다.

필요가 인맥을 만든다

살다 보면 필요에 의해 인맥을 맺게 되는 경우도 생긴다. 새로운 거래처나 고객을 개척해야 하거나, 업무와 관련된 민원을 해결해야 하거나, 사업적으로 어려움에 부딪혀서 도움이 필요할 때가 그 예다. 이런 경우 문제를 해결하기 위해 직접 인맥을 만들어야 한다면, 꼭 만나야 할 사람이 누구인지, 만나보고 싶은 사람이 누구인지 찾아내어 직접 메일을 보내거나, 홈페이지나 블로그에 글을 남기거나, 혹은 직접 전화를 걸어 상대를 만나야 한다. 물론 쉬운 일을 아니지만 '삼고초려'의 마음으로, 될 때까지 부딪히는 배짱이 필요하다.

때로는 아무리 노력해도 만나고 싶은 사람에게 접근할 수 없는 경우도 있다. 그럴 때는 동문, 후배, 친구, 거래처 사람에게 물어보는 수밖에 없다. 질문 받은 상대가 직접적으로는 몰라도 한두 단계 인맥을 거치면 아는 사람이 나온다. 그렇게 아는 사람을 통해 미팅 주선을 부탁한다. 만약 상대가 미팅을 주선하기 어려운 상황인 경우에는 필요한 팁을 알려주기도 한다. 어떤 식으로 만나면 좋은지, 어떤 식으로 일을 진행하면 좋은지 세세하게 알려주는 것이다. 나머지는 내가 들은 팁을 토대로 어떻게 접근할지 전략을 세운다. 만약 학교 선후배라면 '몇 회 졸업생 ○○○인데 한번 인사드리고 싶다'고 해서 찾아가기도 하고, 만나고자 하는 사람이 평소에 어딜 자주 간다거나 하는 이야기를 들으면 그곳으로 찾아가기도 한다.

물론 처음부터 만남이 쉽지 않은 사람도 있다. 그렇더라도 인내심을 갖고 계속해서 문을 두드려야 한다. 비즈니스란 게 무엇인가? 1퍼센트의 가능성만 있어도 도전해야 하는 것이다. 따라서 미리 안 된다고 지레짐작하고 물러날 필요는 없다. 꾸준히 연락을 취하면서 기회를 봐야 한다.

야구라는 경기가 생긴 이래 이제까지 가장 많이 삼진아웃을 당한 선수는 다름 아닌 홈런왕 베이브 루스Babe Ruth라고 한다. 발명왕 에디슨 역시 전구 하나를 발명하기까지 400번이 넘는 실패를 경험했다. 하지만 그는 "400번의 실험은 결코 실패가 아니었다. 나는 단지 그렇게 해서는 전구가 만들어질 수 없다는 400가지의 사례를 발견한 것뿐이다"라고 말했다. 세계적인 컴퓨터 회사인 애플에서는 실수를 전혀 하지 않는 직원이 오히려 꾸중을 듣는다고 한다. 실수를 하지 않는다는 것은 곧 일하지 않는다는 뜻으로 통하기 때문이다.

세상은 항상 변하게 되어 있고, 예기치 못한 돌발 상황이 언제든지 야기될 수 있다. 따라서 어려운 비즈니스 관계에 봉착했을 때에는 상대의 태도를 봐가면서 서두르지 말고 서서히 끈기 있게 도전해야 한다. "불가능은 없다. 단지 시간이 필요할 뿐이다"라고 자기 암시를 해보자. 상대가 유명 인사거나 권위자라고 해서 주눅 들 필요 없다. 만남을 성사시키기 위해서는 반드시 만남의 필요성을 사전에 명확히 하고 몇 번이라도 접촉을 시도해보자. 아무리 만나기 힘든 사람일지라도 만날 목적과 필연성이 있으면 만나게 된다는 자신감과 용기를 쌓는 것이 중요하다.

일본 소프트뱅크의 손정의 회장은 고등학생 시절 일본 맥도널드의 경영자인 후지타 덴藤田田, 현 도이자라스 부회장을 어렵게 만나 성공에 대한 조언을 듣고 첨단 IT 분야에서 성공을 거둘 수 있었다. 손정의 회장처럼 유력자를 만나고 싶다면 일단 용기를 내어야 하고, 만날 노력을 계속해야 한다. 처음에는 만남이 성사되지 않아 자존심이 상할지도 모른다. 하지만 조금이라도 가능성이 있다면 그 틈을 비집고 들어가야 한다. 끝까지 포기하지 않는 정신이 귀중한 만남을 이끌어내며, 사업 파트너로서 함께 일할 기회를 제공한다. 그리고 궁극적으로는 또 하나의 소중한 인간관계를 형성하게 한다.

절대 서두르지 말라. 지성이면 감천이라고, 눈도장을 찍고 천천히 친해지려는 노력을 한다. 그러다 보면 나에 대한 신뢰가 쌓이게 되고, 결국 인맥으로 이어지게 된다.

유능한 인재를
내 인맥으로 만든다

기업은 곧 사람이다. 1등 기업에는 1등 사원이 있다. 기업이 어렵다는 것은 직원 관리가 제대로 안 되고 있다는 말이다.

우수한 인재를 키우는 데 있어 무엇보다 중요한 것은 사원들의 소질을 잘 파악하는 일이다. 돌을 옥으로 쓰려고 생각해 아무리 열심히 연마해도 옥같이 빛나지는 않는다. 옥과 돌을 분간하지 못하여 옥석이 뒤섞이게 되면 옥을 알아보기조차 힘들다. 인재를 알아보는 눈은 그만큼 중요하다.

인재를 알아보는 것만큼 그 인재를 내 인맥으로 만드는 일 또한 중요하다. 여기엔 남다른 정성과 노력이 필요하다. 유비도 제갈 량의 초옥에 세 번 찾아가 간청한 끝에 그를 자기 사람으로 얻을 수 있었다.

중소기업은 항상 인력난에 시달린다. 내가 T기업에 재직했던 시절, 우리 회사는 동종업계에서 하위권을 차지하고 있었는데, 타사와 경쟁할 제품을 만들어낼 인력이 절대적으로 부족했기 때문이었다. 그래서 나는 뛰어난 인재를 우리 회사로 데리고 와야겠다고 결심하고, 다방면으로 인재를 수소문해 소개받고 주도면밀하게 전략을 세워 약 70여 명의 인재를 스카우트하는 데 성공했다. 이러한 경험을 바탕으로 우수 인재를 내 인맥으로 만드는 요령을 소개해보겠다.

● 추천받은 직원의 정보 수집하기

경력사원을 채용할 시에는 이력서만 가지고는 적합한 사람인지 아닌지를 결정하기가 어렵다.

일단 해당 분야에 종사하는 직원들로부터 어느 회사, 어느 부서에 근무하는 어떤 직원이 능력이 좋은지 정보를 수집한다. 업무 능력, 결과물, 연봉, 나이, 가족관계, 거주지 등을 자료 파일에 저장해놓고 알맞은 시기에 접촉을 시도해서 만난다. 상대방이 당황하지 않게 이쪽의 신분과 이름을 밝히고 '동종업계에서 종사하는 사람끼리 커피나 한 잔

하자' 는 식으로 만남을 제안한다.

● **대상자에게 신뢰감 심어주기**

낯선 사람이 접근해오면 상대가 경계심을 갖는 것은 당연
하다. 서로 마음을 열고 편안하게 대화할 수 있도록 분위기
를 조성해야 한다. 가급적 공감대를 나눌 수 있는 대화를
찾는 게 중요하다. 내 경험으로 비추어보면, 신앙생활에 대
해서 가볍게 대화하거나 가족 소개가 괜찮은 듯싶다. 취미
나 서로 알고 있는 지인에 대해 이야기하는 것도 긴장을 푸
는 데 효과적이다. 충분히 분위기가 무르익었다는 판단이
들면 본론으로 들어간다.

● **필요한 인재임을 설득하기**

만남의 목적이 스카우트임을 밝히고, 어떠한 이유로 우리
회사에 스카우트하려는 것인지 당사자가 납득할 수 있게
합리적으로 설득한다. 상대의 입장에서는 '나보다 능력이
뛰어난 사람도 많은데 왜 나를 원하는 것일까?', '내가 저

회사에 입사하면 과연 잘할 수 있을까?', '내 능력이 그만큼 되는 것일까?' 하는 고민과 불안이 생길 수 있다. 이렇게 생각이 많아지면 점점 더 망설이게 된다. 따라서 상대방이 고민하지 않도록 먼저 명확한 비전과 가능성을 제시해야 한다. 처음 인재를 추천받았을 때 기초 자료를 착실히 모으는 이유가 바로 이 때문이다. 대화 중 상대가 궁금해하는 점을 자신 있게 답변할 수 있으려면 상대에 대해 미리 주도면밀하게 연구해야 한다. 이 정도 정성은 스카우트의 기본자세다.

● **꾸준히 관심을 표현하기**

직장생활을 오래하다 보면 누구나 스트레스와 불만이 생길 수 있다. 이런 때 누군가로부터 지속적인 스카우트 제의가 들어온다면 마음이 흔들릴 수밖에 없다.

처음 스카우트 제의를 받았을 때 그 자리에서 단박에 결정을 내리는 사람은 없다. 대개 '결정할 시간을 달라'고 하는 편이 일반적이다. 따라서 생각할 시간을 주되, 이쪽으로 마음이 기울도록 꾸준히 관심을 가지고 일정 기간 지속적으로 연락하도록 한다. 그렇다고 너무 닦달하는 느낌을 줘서는 안 된다. 우리 회사에 꼭 필요한 인재이기에 쉽게 포기 못한다는 인상을 심어주면서 꾸준히 회사의 비전을 제시하는 게 좋다. 내 경우, 첫 만남에서 최종 스카우트하기까지 5년이나 걸린 직원도 있는데, 꾸준한 관심과 정성은 아무리 강조해도 지나치지 않는다.

● 실패해도 관계를 계속 유지하기

모든 스카우트가 다 성공적으로 이뤄지지는 않는다. 연봉, 직급, 복지, 출퇴근 거리 등 여러 가지 이유로 성사되지 않기도 한다. 그렇다고 해서 그 당사자를 다시는 만나지 않을 것처럼 굴지 않는다.

이력서를 계속 가지고 있으면서 꾸준히 연락하고 그 사람의 현재 상황이 어떻게 변화했는지 안부를 묻고 관심을 보인다. 이렇게 우호적인 상태로 만남을 지속시키면 후에라도 우리 쪽 사람이 되는 경우가 간혹 생긴다. 그렇지 않으면 다른 유능한 인재를 그쪽에서 소개해주기도 한다. 해당 업계에 대한 소식, 기업체에 대한 정보를 알려주기도 한다. 이러다 보면 굳이 한 회사에서 일하지 않아도 좋은 관계가 유지되며 공고한 인맥이 된다.

● 이력서를 꾸준히 관리하기

스카우트 대상자의 이력서나, 공채 시에 접수되었지만 면접 과정에서 아깝게 탈락한 지원자의 이력서를 버리지 말고 꾸준히 관리한다. 가끔씩 안부전화를 통해 근황을 물으면서, 향후 추가 인력이 필요할 때 우선적으로 고려 대상에 넣고 스카우트를 제안하는 것이다. 그러면 흔쾌히 응하는 수가 꽤 있다.

일이 다 끝났다고 해서 이력서를 폐기 처분해서는 안 된다. 파일에 잘 보관해두었다가 시간 날 때마다 들여다보고 연락을 취해보자. 당장은 인연이 없어서 한가족이 되지는 못했지만, 차후에 꼭 필요한 때가 온다.

● 입사하면 적응할 때까지 돕기

아무래도 회사를 옮기면 새로운 직장에 적응하는 일이 쉽지만은 않다. 게다가 주위에 있는 직원들이 모두 하나같이 열렬히 환영해주는 것도 아니다. 그래서 간혹 어렵게 입사하고도 바뀐 환경이나 인간관계에 적응하지 못해 금세 그만두는 경우가 생기곤 한다. 따라서 일정 기간 동안 입사자가 편하게 생활할 수 있도록 세세하게 신경 써줘야 한다. 관계부서 오리엔테이션 실시, 상사·동료·부하 직원 소개시켜 주기, 식사시간에 동행하기 등으로 회사생활에 불편함이 없도록 살핀다.

훌륭한 인재를 영입하고 관리를 잘못하면, 애초에 스카우트를 하지 않느니만 못하다. 관리에 자신이 없다면 스카우트에 나서지 않는 편이 서로에게 훨씬 더 도움이 된다.

● **기존 직원들을 배려하기**

능력 있는 사람을 어렵사리 스카우트했는데 그 반동으로 기존의 유능한 직원이 퇴사한다면, 오히려 회사로서는 큰 손해를 보는 셈이다. 따라서 새로 스카우트된 직원으로 인해 기존 직원들이 소외되거나 불이익을 받는다는 생각을 하지 않도록 상담과 교육을 통해서 이해시켜야 한다.

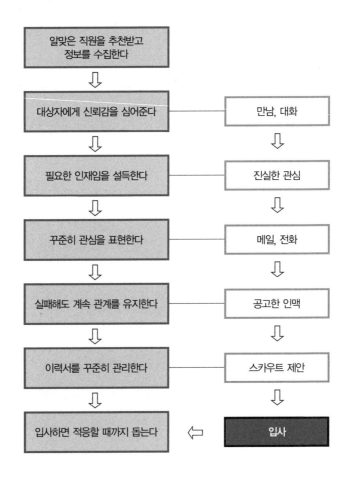

꼭 알아야 할 유능한 인재 스카우트 단계별 요령

알맞은 직원을 추천받고
정보를 수집한다
⇩
대상자에게 신뢰감을 심어준다 ── 만남, 대화
⇩   ⇩
필요한 인재임을 설득한다 ── 진실한 관심
⇩   ⇩
꾸준히 관심을 표현한다 ── 메일, 전화
⇩   ⇩
실패해도 계속 관계를 유지한다 ── 공고한 인맥
⇩   ⇩
이력서를 꾸준히 관리한다 ── 스카우트 제안
⇩   ⇩
입사하면 적응할 때까지 돕는다 ⇦ 입사

상대의 인맥이 내 인맥이다

세상을 살다 보면, 나 혼자 해결할 수 있는 일은 그리 많지 않다는 걸 알게 된다. 가정에서 의식을 해결하는 일도 다른 가족의 도움 없이는 힘들다. 도시에서 홀로 자취생활을 해본 사람들은 가족과 더불어 사는 고마움을 더없이 느낄 것이다.

더구나 사회생활은 말해 무엇 하랴. 어떤 프로젝트를 추진하거나 새로운 사업을 시작했을 때 문제가 생기거나 조언을 받아야 하는 경우, 그 분야에 종사하고 있는 지인에게 도움을 청하게 마련이다. 그런데 만약 그 지인이 직접 도와줄 수 없는 상황이라면 자기 인맥을 동원해서라도 해결해주려고 할 것이다.

이처럼 내 인맥으로 모든 일을 직접 해결할 수 있는 일은 그다지 없으며, 대부분 한 다리 혹은 두 다리 건너서 해결되는 경우가 많다. 그만큼 상대의 인맥을 내 인맥으로 활용하는 것은 비즈니스에서 매우 중요하다.

내 경우, 일본이나 중국에 있는 지인들이 "내 인맥이 당신 인맥이다"라면서 그곳에 민원이 있으면 언제라도 이야기하라고 말하곤 한다. 내게 필요한 일이 있으면 자신들의 인맥을 동원해서 해결해주겠다는 의미인 것이다.

관계가 발전하고 서로에 대한 신뢰가 공고해지면, 어느새 상대는 나를 믿고 자신의 인맥을 소개해주기 시작한다. 소개로 알게 된 사람에게도 진심을 다하면, 상대의 인맥이 곧 내 인맥이 된다.

그러나 '상대의 인맥이 내 인맥'이라는 말처럼 어려운 것도 없다. 바꿔 생각하면 내 인맥도 상대의 인맥이 된다는 얘기이며, 이는 서로 간에 절대적 신뢰가 우선해야 한다. '상대의 인맥이 내 인맥'이라고 생각하고 그 중요성에 공감한다면, 늘 처신하는 데 있어 조심하고 주변 사람들과 각별한 신뢰 관계를 구축해야 한다. 자칫 실수나 무관심, 무성의로 인해 소개로 알게 된 사람에게 피해를 준다거나 실망감을 안겨준다면, 소개해준 사람과의 관계도 위태해질 수 있다.

따라서 상대의 인맥을 이용하기 위해 인연을 맺는 것은 절대

안 된다. 그것은 인맥을 만드는 것이 아니라 오히려 인맥을 끊는 결과를 초래할 뿐이다. 내가 먼저 정직하게 모든 일에 솔선수범하면서 믿음과 신뢰로 많은 사람과 좋은 관계를 맺는다면, 인맥이 양적으로나 질적으로나 크게 확대될 것이다.

삶의 스승을
인맥의 중심에 두라

"만나는 모든 사람에게서 무엇인가를 배울 수 있는 사람이
이 세상에서 가장 현명하다."

이는 『탈무드』에 나오는 말이다. 스승의 역할은 아무리 강조
해도 지나치지 않기에, 경영과 자기계발 전문가들은 삶의 멘토
mentor가 되어줄 사람을 찾으라고 조언한다. 멘토란 인생에 대
한 조언과 충고를 해주고 삶의 방향을 잡아주고 설정해주는 사
람을 뜻한다. 멘토는 상대방보다 경험이나 경륜이 많은 사람으
로서 멘티mentee, 즉 조언 받는 사람의 잠재력을 보고 그가 자신
의 분야에서 꿈과 비전을 이루도록 도와주며, 때로는 도전을
독려하는 사람이다.

이런 장점 때문에 경영과 자기계발 분야에서는 멘토와 멘티

의 관계를 적극 활용하는 멘토링mentoring이 활발하다. 경영학에서 멘토링이란 '현장 훈련을 통한 인재 육성 활동' 으로 정의된다. 즉 회사나 업무에 대한 풍부한 경험과 전문 지식을 갖고있는 사람이 일 대 일로 멘티를 지도·코치·조언하면서 실력과 잠재력을 개발·성장시키는 활동이라 할 수 있다. 최근에많은 기업들이 도입하고 있는 후견인 제도가 바로 멘토링의 전형적인 사례다.

미국의 자기계발 전문가인 브라이언 트레이시Brian Tracy는 "성공이란 당신이 가장 '즐기는 일' 을 당신이 '감탄하고 존경하는 사람들' 속에서 당신이 가장 '원하는 방식' 으로 행하는

것"이라고 했다. 주변에 감탄하고 존경할 만한 멘토가 있다면 인생의 앞길은 이미 열려 있는 셈이다. 멘토의 가르침에 따라 목적지를 향해 묵묵히 걸어가는 것은 멘티의 몫이다.

사업이 위기에 봉착했거나 늘 발전 없이 제자리걸음만 한다면, 그때는 망설임 없이 멘토를 찾아야 한다. 내가 무언가를 배울 수 있는 사람, 따라하고 싶은 역할 모델을 찾는 것이다. 그 사람이 꼭 연세가 많은 사회 원로이거나 학교 선배, 직장 상사일 필요는 없다. 동료든 후배든 각 분야에서 배울 게 있는 사람이라면 주저 없이 찾아가 도움을 청해야 한다. 그것이 겸연쩍거나 어렵다면 그를 유심히 관찰하고 모방해보는 것도 좋다. 창조야말로 위대한 모방에서 나온 것이기 때문이다.

'근묵자흑 근주자적近墨者黑 近朱者赤'이라고 했다. 먹을 가까이 한 사람은 검어지고, 인주를 가까이 한 사람은 붉어지게 마련이다. 성실하고 지혜롭고 덕 있는 멘토를 가까이 모시는 사람은 저절로 인격이 감화된다.

세상을 사는 지혜 역시 여기에서 벗어나지 않는다. 반기문 UN 사무총장의 성공에는 인도 총영사였던 노신영이라는, 일생에 가장 큰 멘토가 있었기에 가능했다. 노신영은 인도 총영사를 거쳐 1980년대에 제18대 외무부 장관과 국무총리를 지낸,

'배짱 외교'로 유명한 인물이다. 힘든 일, 허드렛일도 마다 않는 반기문의 성실한 자세는 곧 노신영의 눈에 띄었다. 그는 반기문에게 외교관으로서의 마음가짐과 태도 등 훌륭한 외교관으로 성장하기 위해 필요한 모든 것을 항상 대동해가며 알려주었고, 반기문은 그러한 대선배의 가르침을 잘 따랐다. 노신영이 열정에 넘치는 반기문을 알아보지 못했다면 아마도 우리는 지금의 UN 사무총장 반기문을 만날 수 없었으리라.

수백 년을 살아온 마을의 서당나무는 비바람을 막아주고 따가운 햇볕을 가려 시원한 그늘을 제공하는 든든한 존재다. 내 삶의 중심에 이와 같은 스승을 모실 필요가 있다. 그렇게 되면 큰 나무 아래 무수한 가지가 뻗어가듯이 수많은 인맥이 저절로 생성되어 풍요로운 삶을 나누게 될 것이다.

필자의
자기 관리법

- - - - - - - - - - - - - - - -

나 역시 평소에 자기 관리에 신경 쓰고 있다. 어떻게 하고 있는지 소개해보겠다.

 ### 늘 제일 먼저 출근

20년 전 처음 직장생활을 시작했을 때부터 지금까지 나는 항상 회사에 제일 먼저 도착한다. 굳이 '제일 먼저 출근해야지' 라고 목표 삼은 것은 아니다. 하루 업무를 시작하기에 앞서 미리 준비해야 될 내용을 챙기기 위해 집에서 일찍 나오다 보니 항상 제일 먼저 회사에 도착하는 것이다.

주로 정해진 출근 시간보다 1시간 30분 정도 일찍 회사에 도착하는데, 출근 이후 업무 시작 전까지 하는 일들은 주로 1) 야간 근무자 격려하기, 2) 회사 시설 안전 확인, 3) 조간신문 구독, 4) 이메일 확인 및 인터넷 검색, 5) 당일 업무 스케줄 정리 등이다.

신입사원 시절부터 늘 회사에 1등으로 도착해서, 회사 경비원 및 청소부로부터 동료 직원에 이르기까지 '성실하고 열심히 노력하는 직원' 이라는 평판을 받았다. 따라서 내가 하는 일은 신뢰를 가지고 맡겼으며 부탁도 흔쾌히 들어주곤 했다. 부서 간 업무 협조가 원활히 진행될 뿐 아니라 업무 효율 면에서도 상당히 도움을 받았다.

'아침에 일찍 일어나는 새가 먹이를 잡는다' 는 속담처럼 아침을 지배할 줄 아는 사람이 하루를 지배할 수 있고, 하루를 지배하는 사람이 인생을 다스리고 경영할 수 있다. 역사 속 영웅과 위인들은 물론이거니와 성공한 경영인이나 정치인, 학자, 엔지니어 등도 대부분 아침에 일찍 깨어 있었던 사람들이다. 주변에서 볼 수 있는 사람들 – 뛰어난 성과를 올리는 영업자, 날로 번창하는 점포의 주인, 사내외에서 신망 받는 중간 관리자 등도 맑고 활기찬 아침을 맞이하는 사람들이다.

남보다 앞서가는 사람이 되려면 남보다 한 시간 먼저 일어나서 한 발짝 먼저 움직이는 부지런함이 있어야 한다. 그 정도 노력도 하지 못한다면 남의 성공을 부러워할 필요가 없다. 이 세상에 거저 얻어진 것은 없다. 성공은 남모르는 피나는 노력의 산물임을 기억하라.

 **새벽 운동 하기**

　새벽 운동도 시작한 지 오래되었다. 대학교 시절부터 시작했으니 근 30년쯤 되었나 보다. 물론 반 백 년이 넘어선 나이가 되면서는 운동량과 종류가 변하게 되었는데, 체력에 맞게 스스로 선택한 것이다. 대학 시절에는 대구 앞산 승마장에서 충혼탑까지 마라톤을 한 뒤에 테니스를 했고, 직장생활을 하면서부터는 농구, 새벽 등산, 운동장 뛰기를 했다. 지금은 인근 공원에서 4킬로미터 정도 걷고 헬스 기구로 한 시간 정도 운동하고 있다.

　새벽에 운동을 하다 보면 나이 많은 어르신들을 자주 만나게 되는데, 이 분들과 대화를 나누며 운동하는 재미도 쏠쏠하다. 새벽 친구라고나 할까. 하지만 인생을 배우는 의미가 더 다가올 때도 있다.

　어느 때던가 출장을 가느라 한동안 운동을 못한 적이 있다. 오랜만에 새벽에 운동하러 나갔더니 평소에 자주 만나는 동네 할머니께서 그동안 어디 갔다 왔냐고 물으셨다. 나는 출장을 다녀왔노라고 대답했다. 그랬더니 "우리 나이 되면, 안 보이면 아픈 거고, 영 안 보이면 죽은 거여"라고 말씀하셨다. 그 말에 '인생이 이런 것이구나' 싶어서 가슴이 찡했다. 새벽 운동을 통해서 건강도 다지고 어르신들로부터 인생 수업도 받고, 그야말로 일석이

조다.

일찍이 공자는 "일생의 계획은 어릴 때에 있고, 1년의 계획은
봄에 있고, 하루의 계획은 새벽에 있다. 어려서 배우지 아니하면
늙어서 아는 것이 없고, 봄에 밭을 갈지 아니하면 가을에 거두어
들일 것이 없으며, 새벽에 일어나지 아니하면 한 일이 아무것도
없게 된다"라고 말했다. 새벽 운동을 하다 보면 이 말의 가르침
이 새록새록 되새겨진다.

새벽에 한 시간 정도 운동으로 땀을 내고 샤워를 하면 그 느낌
이 얼마나 상쾌한지 모른다. 아침도 맛있고, 하루가 활기차게 시
작되는 것을 피부로 느낄 수 있다. 일찍 깨어나는 하루하루가 건
강한 삶을 만들고, 이러한 날들이 쌓여 일생이 이루어진다. '날
마다 좋은 날日日是好日'이면 매일이 즐겁고, 결국 한평생이 행복
해질 것이다.

 **틈틈이 메모하기**

인간의 기억은 한정적이다. 이미 입력된 정보는 쉽게 떠올릴
수 있지만, 새로 입력된 정보는 금세 잊어버리기도 한다. 그래서
사람은 혼란을 겪는다. 그 사람을 언제 만났는지, 내가 그 이야기
를 했었는지, 그 책을 읽었는지, 어떤 대화를 나누었는지 등등.

그래서 평소에 메모하는 습관을 들이는 게 좋다. 메모는 제2의 기억 장치라고 하듯이 한정적인 뇌 기억력을 효과적으로 보완해준다.

산더미처럼 일이 밀려드는 하루하루 속에서 메모하는 습관은 매우 중요하다. 중요한 업무를 메모해서 그때그때 처리하지 않으면 업무 효율도 떨어질뿐더러 일 자체를 그르칠 수가 있다. 회의 때 발표할 좋은 아이디어도 떠올랐을 때 메모하지 않으면, 막상 회의 시간에는 기억나지 않고 원래 생각과는 다른 아이디어가 나와서 낭패를 보는 일도 생길 수 있다. 이러면 무능한 직원으로 낙인찍히기 쉽다.

길가다 떠오른 아이디어, 우선적으로 처리해야 할 업무, 필요한 전화번호만이 메모의 대상이 될 필요는 없다. 나는 명함에도 그 사람을 언제 어디서 몇 시에 어떻게 만났는지 메모해서 그 사람에 대한 정보를 다시 한 번 입력시킨다. 그러면 그때 나눈 대화가 헷갈릴 염려도, 처음 만난 날을 잊어버릴 염려도 없다. 메모하는 습관은 사람을 만나고 기억하는 데에도 큰 도움을 준다.

그래서 나는 누군가를 만나 대화할 때는 일단 수첩과 볼펜을 꺼내놓고 시작한다. 상대가 하는 이야기를 적는다는 것은 신뢰의 표현이다. 상대의 말을 잊지 않고 지키겠다는 행동의 표시다.

사람 사이에서 중요한 것은 약속을 지키는 것이기에 메모는 약속을 어기지 않도록 방지해주는 방패막인 셈이다.

이후로는 수시로 수첩을 들여다보면서 내용을 확인한다. 완결이 된 페이지에는 우측 상단에 사인을 해놓는다. 사인이 없는 페이지에 있는 사항들은 조속히 마무리 짓기 위해 노력한다.

메모를 꼭 수첩에만 할 필요는 없다. 명함이나 책의 여백, 메모지 등 기억해둘 만한 사항이 있을 때 주변에서 쉽게 찾을 수 있는 재질에 메모해두어도 좋다. 대신 나중에 따로 정리해 확인해야 한다. 활용할 수 없는 메모나 정보는 아무 소용이 없다. 유용하게 쓰려면 정기적인 정리와 업데이트가 필수다.

상대를 내 인맥으로 만드는 방법

사람을 끌어당기는 힘을 길러라

모두가 내 인맥이라고 생각하라

직접 찾아가 만나라

유능한 인재는 삼고초려 하라

주변 사람들과 각별한 신뢰관계를 구축하라

인생의 멘토를 만들어 인맥의 중심에 세우라

인맥 관리의
시작은
첫 만남이다

3

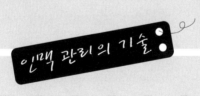

인맥 관리의 기술

새로운 사람을 만나는 일은 쉽지 않다. 그러나 노력과 정성을 기울이면 의외로 즐거운 일이 될 수도 있다. 모든 인맥은 첫 만남으로 시작하며, 이 만남들이 계속 이어지고 발전하고 확대하면서 내 삶과 운명이 결정된다.

상대에게 별 관심도 없이 그저 목적을 위해 형식적인 만남으로 일관한다면 좋은 관계로 발전하기 어렵다. 어떤 식으로든지 이번 일만 잘되면 된다든지, 이번에만 도움을 받으면 된다든지 하는 생각은 애초에 들어올 틈을 주지 말라. 결국 모든 만남이 일회용으로 끝나고 진정한 인맥은 남지 않는다. 독선이나 아집, 아첨이나 아부, 우월감 또는 지나친 자존심 때문에 인맥 구축에 실패할 염려는 없는지 점검해보는 시간도 필요하다. 만남은 상호 교류적인 것이지 일방적인 것이 아니다.

기억하라! 인맥은 일회용이 아니다.

첫 만남에 집중하라

어떤 사람을 인맥으로 형성하기 위해서는 일단 '만나야' 한 다. 그리고 그 사람을 내 일차적인 인맥이라 여기고 그 만남을 소중히 여겨야 한다. '첫 만남'을 어떻게 했느냐에 따라 이후에 관계가 유지되기도 하고 끊어지기도 한다. 따라서 철저한 사전 준비가 필요하다. 첫 단추를 잘 끼워야 이후 관계가 잘 풀릴 수 있다. 이는 만고불변의 진리다.

새로운 사람을 만나게 되는 경우는 앞서도 소개했듯이 지인 으로부터 소개를 받는다든지, 직접 연락을 해서 알게 된다든 지, 업무 때문에 자연스럽게 알게 된다. 그렇더라도 비즈니스 관계로만 상대를 대하진 않는다. 비즈니스 관계가 끝나면 또 친한 친구가 될 수도 있는 법이니 말이다.

게다가 요즘은 시간이 금인 세상이다. 이런 세상에 한가하게 지내다가 시간을 할애해 만나주는 사람은 별로 없다. 어떤 의미로든 서로 금쪽같은 시간을 쪼개서 만난 사이이니 그 시간을 헛되이 보내서는 안 된다. 만남 자체에 의미를 두고 서로에게 좋은 인상을 심어줄 수 있도록 노력해야 한다. 중요한 건 이후에 관계가 어떻게 전개되든지 간에 첫 만남에 집중해야 한다는 점이다.

어떤 약속이든 일단 정해지면 그 시간은 온전히 상대를 위한 시간이 될 수 있도록 준비해야 한다. 상대를 만나는 동안 끊임없이 울리는 휴대전화 벨소리나 문자 수신 메시지에 정신이 팔려 만남에 집중하지 못한다면 큰 무례다.

비즈니스 미팅, 사적인 만남을 막론하고 누군가를 만났을 때에는 그 인연을 소중히 여겨라. 존엄한 두 사람이 만났으니 그 만남 자체가 소중하고 성스러운 것이다. 겸허한 마음으로 상대방을 존중하는 것이 참다운 인간관계를 맺는 기본 전제임을 잊어서는 안 된다.

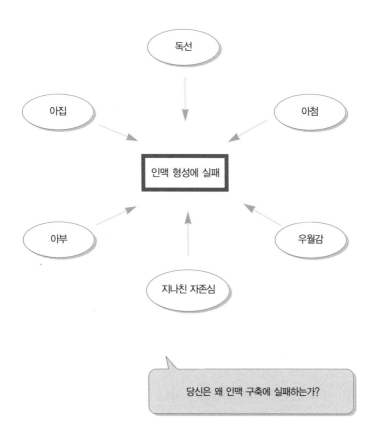

독선

아집

아첨

인맥 형성에 실패

아부

우월감

지나친 자존심

당신은 왜 인맥 구축에 실패하는가?

만날 사람에 대해
공부하라

　보통 사람들은 만남을 쉽게 생각한다. 물론 절친한 친구를 만날 때는 준비 없이 나간다고 해도 누가 뭐라고 할 사람은 없다. 그러나 비즈니스나 사교적인 만남일 때에는 반드시 사전 준비가 필요하다. 준비 없이 나갔다가 꿀 먹은 벙어리가 되어 어색한 분위기를 만들거나 대화에 참여하지 못해 소외될 수도 있다. 이럴 경우 상대에게 호감은커녕 부정적인 이미지를 주게 되는데 손해가 이만저만이 아니다.

　따라서 누군가와 만나기로 했다면, 만날 사람이 어떤 사람인지, 상대가 몸담고 있는 업종에 대한 시황은 어떤지, 상대가 관심 있어 하는 분야는 무엇인지 등 상대에 대한 정보에 눈과 귀를 집중하라. 보통 첫 만남은 대화가 끊어지기 쉽기 때문에 상대에 대해 많은 것을 알수록 원활한 대화를 이어갈 수 있으며, 상대가 민감해하는 이야기를 꺼내는 실수를 미연에 방지할 수 있다.

특히 중요한 비즈니스를 목적으로 한 첫 만남일 경우, 대화의 주제나 내용에 대한 고민이 좀 더 필요하다. 어떤 질문을 할 것인가, 질문할 때 주의해야 할 점은 무엇인가, 나를 어떻게 소개하고 내 의견을 어떻게 어필할 것인가, 대화를 통해 얻을 수 있는 생산적인 목표는 무엇인가 등. 가상의 시나리오를 짜서 연습해 가면 물 흐르듯 어색하지 않게 대화를 이끌어갈 수 있다.

상대에 대한 철저한 분석으로 자신감 있게 대화를 이끌면, 자연스럽게 나에 대한 긍정적인 인상을 심어줄 수 있다. 사려 깊고 꼼꼼하고 성실하다는 인상을 줌으로써 신뢰감을 얻을 수 있고, 보다 심층적인 비즈니스 관계로 발전할 가능성이 높다. 가급적이면 1차 미팅에서 내 존재를 부각시킬 수 있도록 준비하자.

용건을 서두르지 마라

비즈니스 문제로 당사자와 어렵게 미팅 약속을 잡고 만나게 되면, 만난 용건을 빨리 꺼내놓고 싶은 것이 인지상정이다. 그런데 일이라는 게 어디 단 한 번의 만남으로 이루어지던가. 특히 중차대한 문제가 걸린 일이거나 프로젝트의 단위가 클 경우에는 더욱 신중해야 한다. 서두르다 보면 외려 실패할 확률이 높다. 집착이 클수록 올바른 판단을 하기 어렵고, 그래서 성급하게 서두르다 외려 일을 망치는 수가 생긴다. '급할수록 돌아가라' 는 금언을 여기서도 기억해야 하다.

중요한 비즈니스일수록 일보다는 상대의 인격을 먼저 존중하고 내가 신뢰할 수 있는 사람임을 보여주는 것이 중요하다. 단지 비즈니스상의 문제를 해결하기 위한 일회적 만남이 아니라, 앞으로도 관계를 지속할 수 있는 토대를 만들어놓아야 한다. 서로에 대해 어느 정도 알게 되는 2~3차 미팅에서 본격적으로 용건을 논의해야 서로가 부담을 덜 느끼게 된다. 물론 첫 만남부터 모든 일이 술술 풀리면 좋겠지만, 그건 내 욕심일 뿐이다. 다소 부족하더라도 편안한 모습을 보여주는 것이 상대로 하여금 긴장을 풀고 마음의 문을 열게 한다.

'만남은 그 자체가 목적이어야 한다. 다른 목적이 끼어들어서는 안 된다' 라는 말이 있다. 이 말은 치열한 비즈니스 세계에서도 꼭 지켜야 할 격언이다. 물건을 사고팔고, 돈을 주고받는 냉정한 비즈니스 세계일지라도 그 안에 따뜻한 온정이 흐르고 있음을 잊어서는 안 된다. 비즈니스도 결국 사람이 하는 일이다. 만남을 수단으로 여기지 말고 목적으로 여겨라. 이는 지속적인 인간관계에 있어서 반드시 유념해야 할 사항이다.

서로에게 호감을 느낀다고
최면을 걸어라

누군가를 처음 만날 때에는 여러 상황이 벌어질 수 있다. 초반부터 서로 호감을 느끼고 금세 친해지는 경우도 있고, 나는 상대에게 호감을 느끼는데 상대는 내게 별로 반응을 안 보이는 경우도 있으며, 상대는 내게 관심을 보이는데 나는 상대가 마음에 들지 않는 경우도 있다. 서로 관심과 호감을 가지게 되는 경우에는 문제가 없지만, 어느 한쪽 혹은 양쪽 모두 상대에 대한 인상이 부정적일 때는 어떻게 해야 할까? 만남을 없었던 것으로 해야 할까?

그럴 수는 없다. 무엇보다 비즈니스 문제로 만났을 경우에는 상대가 좋든 싫든 관계를 맺을 필요성도 존재한다. 따라서 싫은 기색을 내비치며 억지로 대화하는 인상을 주어서는 안 된

다. 이는 성공에서도 멀어지는 길이다. 차라리 이럴 때는 '서로 호감을 느끼고 있다'라고 최면을 걸어보자. 서로 쑥스러워 상대에게 느끼는 호감을 다른 방식으로 표현하는 것이라고 생각하라. 그러면 상대가 기분 나쁜 말을 할지라도 나는 상대의 기분을 건드리지 않고 대응할 수 있을 것이다.

대화의 기술이 없거나 처음 만난 사람과는 낯을 가리는 성격 때문에 대화를 잘 이끌어가지 못하는 사람도 분명 존재한다. 그런 성격을 첫눈에 파악하지 못하고 '이 사람이 나를 싫어하나?'라고 오해하는 경우도 생길 수 있다. 첫 만남에서는 별로 였지만 시간이 지날수록 상대의 진가를 알게 되는 경우도 있다. 이럴 때도 '이 사람은 내게 호감을 느끼고 있는데 표현이 서투르구나'라고 생각해보자.

이러한 자기 최면 효과는 싫은 사람, 표현 능력이 서투른 사람과 대화하는 데 매우 유용하다. 긍정적인 마음가짐이 좋은 대화를 이끌어내며, 그 만남을 성공적으로 마무리할 수 있게 해준다.

■ 자기 최면 효과가 필요한 사람 ■

1. 대화의 기술이 없는 사람

2. 표현이 서투른 사람

3. 낯을 가리는 사람

4. 상대가 싫은 사람

5. 매사에 부정적인 사람

상대는 나의 거울이다

아무리 노력해도 관계가 좋아지지 않는다면, 대개 문제는 상대보다는 자기에게 있는 경우가 많다.

사람들 대부분은 자기 기분을 숨기려 해도 표정에 그대로 나타나는 경우가 많다. 싫어하는 상대를 마주쳤다거나 언짢은 일이 있어서 기분이 나쁠 때 누군가를 만나면 가차 없이 그런 마음이 표정이나 어투에 묻어나게 마련이다. 그런 마음을 상대가 눈치 채지 못할 리 없다. 자기는 기분 좋게 찾아갔는데 상대가 묘하게 냉대하는 느낌이라 유쾌하지 못한 기분, 누구나 한 번쯤 경험해봤을 것이다.

그런데 의외로 평소에 사람을 이렇게 대하는 사람이 많다. 사람을 만나고 관계를 맺고 하는 일 자체가 귀찮고 별 의미가 없다고 생각하는 사람도 있고, 자기 용무가 바쁠 때 찾아온 사람은 짐처럼 여기는 사람도 있다. 사람에 대한 경계를 풀지 않고 이것저것 재는 사람도 있고, 이 사람이 내게 도움이 될까 아닐까 계산하는 사람도 있다. 이러면 당연히 상대도 경계심을 갖고 같은 방식으로 대응하게 되니, 그 관계가 잘 맺어지지 않는 것은 당연지사다.

『유능한 카운슬러, 성공하는 카운슬링』을 쓴 유진 케네디 Eugene Kennedy는 다음과 같이 말했다.

> 마음이 열린 사람들의 특징 중 하나는 사물을 자신이 보고 싶은 대로 보지 않고 있는 그대로 본다는 것이다. 마음을 열면 우리 삶에 대해 더욱 잘 알게 되는 계기가 된다. 왜냐하면 영적 존재의 밝은 속성인 인간적인 나눔을 배양해주기 때문이다. 자신을 개방하는 일은 다른 사람과의 교환을 통해 이루어진다. 우리는 교환을 통해 자신과 다른 사람들을 더욱 명확하게 볼 수 있는 빛을 서로에게 건네준다.

이처럼 상대의 마음을 열기 위해서는 내가 먼저 열린 사고와 태도를 취하고 있어야 한다. 다소 빈틈을 보여주더라도 나를 먼저 개방하면 상대도 경계를 늦추고 우호적인 감정을 갖게 될 것이다.

상대가 나에 대해 좋은 감정을 보이지 않는다면, 일단 스스로를 돌아보자. 내가 뭔가 잘못하거나 실수하지는 않았는지 말이다. 그리고 반성하고 고쳐야 한다.

인간관계에서 상대의 행동은 바로 나를 비추는 거울이다. 나는 진심을 다해 대했는데, 괜히 상대가 나를 싫어하고 불편해하지는 않을 것이다. 거울이 사물을 있는 그대로 반영하고 있듯이, 나 자신 또한 가식 없는 솔직한 마음으로 상대를 대한다면 상대 역시 언젠가는 나를 그렇게 대해줄 것이다.

인맥의 달인이 공개하는 인맥 관리의 기술

사소한 일을 문제 삼지 마라

T사에서 근무할 때 개발부장과 함께 거래처 담당자 내외와 저녁식사를 한 적이 있다. 그런데 같이 나온 거래처 담당자 K씨의 부인이 운동복 차림이었다. 부인을 제외한 모두가 정장 차림이었고 식당도 제법 분위기가 있는 곳이었는데, 아마도 부인은 사전에 귀뜸을 받지 못하고 전화를 받자마자 그냥 집에서 나온 모양이었다.

식사를 마치고 헤어져 집으로 향하는데, 개발부장이 기다렸다는 듯이 K씨 부인의 옷차림에 대한 말을 꺼냈다. 아마도 부인의 옷차림이 불쾌했던 모양이다. 그 말에 나는 개발부장에게 물었다.

"자네가 오늘 K씨 내외와 만난 이유가 뭔가?"

그러자 그는 별것을 다 묻는다는 표정으로 '거래처 접대'라고 대답했다.

"그러면 K씨의 부인이 운동복 차림으로 나온 것이 우리가 접대하는 데 있어 무슨 문제가 되나? 자네가 저녁 먹는 내내 그런 생각을 했다면 그 생각이 얼굴, 눈빛, 몸짓, 어투에 묻어 나타났을 걸세. 부인도 아마 그런 자네의 생각을 알고 불편했을 테고. 그렇다면 다음번 이 같은 자리가 있을 때에 부인이 나오겠는가? 외려 남편에게 우리가 불편하게 할지 모르니 만나지 않는 게 좋겠다고 말할지도 모르네."

물론 그런 자리에 운동복으로 나온 부인의 옷차림은 지적할

인맥의 달인이 공개하는 인맥 관리의 기술

만하지만, 무슨 공식 모임도 아니고 편안하게 저녁 한 끼 같이 하는 자리에 그런 차림으로 나오는 것이 무슨 큰 해가 되겠는가. 외려 부인이 우리를 편안히 여기고 그런 차림으로 나온 것일 수도 있다.

상대가 간혹 사소한 실수를 했다 해도, 그것이 만남의 본질과 관계없는 것이라면 굳이 부정적인 생각은 하지 않는 것이 좋다. 이왕이면 긍정적인 마인드로 부드럽고 편안한 분위기를 유도하자. 작은 일을 문제 삼아 큰일을 그르칠 필요가 없다.

마음을 여는 미소를 지어라

'웃는 얼굴에 침 못 뱉는다'는 말이 있다. 백화점에 갔을 때를 떠올려보자. 방긋방긋 웃으면서 손님을 친절히 맞아주는 직원이 있다면 마음 편하게 이것저것 물어보면서 물건을 하나라도 더 구매하게 된다. 그렇지 않고 무뚝뚝한 표정으로 퉁명스럽게 대하는 직원이 있다면 단숨에 그 매장을 떠나고 만다. 물론 우리 모두 그 '미소'가 고객 응대의 기술이며 판매 전략의 일환임을 알고 있다. 그렇다고 해서 미소 짓는 직원의 얼굴을 볼 때 기분이 나쁘거나 인상이 구겨지거나 하지는 않는다.

이와 같이 타인과 마음의 교류를 갖기 위해서는 내가 먼저 마음을 열고 준비해야 한다. 이럴 때 필요한 것이 미소다. 미국의 연설가이자 저술가인 잭 캔필드Jack Canfield는 "행복도 하나의 선택이며, 그 중 제일 많이 알려지고 가장 오래된 방법은 미소 짓는 것이다'라고 말했다.

미소는 마음의 표현이고, 마음을 여는 방법에는 웃는 얼굴과 정중한 인사를 주고받는 것이 전제된다. 눈에 보이지 않는 마음은 보통 얼굴, 특히 눈에 나타난다. 사람의 얼굴이 가장 아름다울 때는 미소를 지을 때다. 말이 통하지 않아도 미소 띤 얼굴만으로 마음이 통한다. 미소야말로 만국 공통의 언어이며 마음을 통하게 하는 매개체다.

불교에서는 웃는 얼굴을 '얼굴 보시眼布施'라고 하여 중요시 여긴다고 한다.

어느 신도가 붓다에게 물었다.

"부처시여, 저는 가난해서 아무것도 드릴 게 없습니다. 어쩌면 좋습니까?"

이에 붓다는 이렇게 대답했다.

"재물을 보시하는 것만이 베풂이 아니다. 사람들을 웃는 얼굴로 대하고 상대방의 마음을 행복하게 해주어라. 이 또한 훌륭한 보시니라."

웃는 얼굴은 상대방을 축복하는 것이다. 생긋 미소 짓는 얼굴에는 '건강해서 행복하시겠어요', '사업이 번창해서 기분 좋으시겠어요' 라며 상대방을 축복하는 의미가 담겨 있다.

비즈니스를 하다 보면 낯선 사람을 많이 만나게 되고, 비즈니스 목적을 이루기 위해서는 상대 마음의 틈을 비집고 들어가야 한다. 이럴 때 미소가 큰 역할을 한다. 활동 영역이 넓고 왕성하게 움직이는 사업가들 대부분이 친절하고 사교적이며 표정이 밝다는 사실을 염두에 두자.

요즘은 기업 임직원은 물론 공무원까지 미소에 관한 강의를 듣고 연습하는데, 다 이러한 맥락에서 비롯된 것이다. 처음에는 억지스럽고 부자연스러워 얼굴에 경련도 일어나겠지만, 몇 달간 꾸준히 연습하면 누구보다 멋지고 유쾌한 분위기의 소유자가 될 수 있을 것이다.

한마디 말이 천 냥 빚 갚는다

우리나라 속담에 '한마디 말로 천 냥 빚 갚는다' 라는 말이 있다. 비즈니스 세계에서는 이 또한 가슴에 새겨두어야 한다. 비즈니스에 성공하려면 내가 말하고자 하는 바를 적절히 표현할 수 있어야 한다. 내실 있는 인간관계의 달인이 되기 위해서는 상대와의 대화에 신중을 기하고 준비도 잘해야 한다. 내가 하는 말 한마디, 몸짓 하나가 내 인생과 성공을 판가름하는 결정적 요인이 되기 때문이다.

상대를 존중하는 대화는 인간관계의 기본이다. 상대의 말을 제대로 경청하고 상대를 배려하는 화법을 갖춰야 한다. 농담을 하면서도 진실한 사람, 정곡을 찌르지만 예의를 갖추며 말하는 사람, 실력도 있으면서 매력 있는 말솜씨를 겸비한 사

람, 미소를 지으며 칭찬을 아끼지 않는 사람은 상대를 존중할
줄 아는 사람으로 인정받는다. 그러면 이미 성공의 반은 일군
셈이다.

문수보살이 당나라 무착(無着)선사에게 일러준 가르침 가운
데 이런 유명한 시가 있다.

"성 안 내는 그 얼굴이 참다운 공양구(供養具)요, 부드러운
말 한 마디 미묘한 향이로다. 깨끗해 티가 없는 진실한 그 마음
이 언제나 한결같은 부처님 마음일세."

여기서 '성 안 내는 얼굴'과 '부드러운 말 한 마디' 야말로 천
냥 빚을 갚는 은근한 비결이다. 이는 상대방에 대한 존중과 친
근함으로 굳게 닫힌 마음의 문을 여는 열쇠가 되기 때문이다.

● 성공하는 비즈니스 대화법

무릇 사람이 모이는 곳이라면, 어떻게 말하느냐에 따라 더
욱 친밀한 관계가 되기도 하고 싸움이 나기도 한다. 비즈니
스에서도 마찬가지다. 어떻게 말하느냐에 따라 협상이 잘
되기도 하고 결렬되기도 한다. 협상을 내가 주도적으로 끌
고 가느냐, 상대에게 이끌려 가느냐 하는 것도 대화하는 방

식에 달렸다. 이렇게 중요한 비즈니스 대화, 어떤 방식으로 진행하는 것이 좋을까? 비즈니스에서 성공을 이끌어내는 대화 법칙 네 가지를 소개한다.

첫째; 목적을 분명히 하고 그에 맞는 준비를 하라. 비즈니스 문제로 미팅 약속을 잡았을 때에는 특히 그래야 한다. 탁월한 협상가는 샅바 싸움에 능하다. 교과서적인 원칙도 중요하지만, 비즈니스란 모래판에서는 어디를 잡아야 상대가 나한테 끌려오고 내 편이 될 것인지 순식간에 알아내는 통찰력이 필요하다. 이러한 감각을 기르는 것은 실전 경험을 많이 쌓는 수밖에 없다. 하지만 그 실전 경험을 가능케 하는 것은 그에 맞는 준비란 사실을 잊지 말자.

둘째, 상대의 말에 귀 기울여라. 상대의 잠꼬대까지도 귀 담아듣겠다는 자세를 갖춰라. 불필요한 행동으로 상대를 실망시켜서는 안 된다. 두 귀를 활짝 열고 상대의 말을 귀 담아듣는 것은 상대로부터 신뢰와 존경심을 얻는 길이다. 때맞춰 질문을 하거나 적절하게 맞장구치며 열의 있게 듣는 사람은 상대와 충만한 교감을 나눌 수 있다. 남의 말을 경청하는 인내의 자세는 상대에 대한 중요한 정보를 습득할 수 있도록 보상해준다.

셋째, 화제에 따라 대화의 방향을 바꿔라. 대략적인 대화의 가닥을 준비하더라도, 상대의 말을 듣다보면 내가 어떤 말을 해야 할지 달라진다. 대화의 분위기에 맞게 그때그때 수정할 필요가 있다. 상대의 생각과 느낌, 상대에게 필요한 말, 상대의 소망, 상대가 목표를 달성하는 데 방해가 되는 여러 문제점에 주목하며 즉각 반응할 수 있도록 해야 한다.

넷째, 간결하게 중요한 메시지만 전하라. 정리가 안 되고 너저분하게 이야기하면 대화의 초점이 흐려지고 좋지 않은 인상을 줄 수 있다. 일단 대화를 시작하면 즐겁게 분위기를 이끄는 것이 좋다. 같은 말이라도 밝은 얼굴로 유머러스하게 한다면 좋은 분위기로 상대방의 관심을 끌 수 있다.

상대와의 대화를 즐겁게 받아들이고, 전달하려는 메시지를 짧지만 깊이 있게 전달하며, 촌철살인의 표현으로 평이한 대화를 유쾌하게 이끄는 자신만의 대화 기술을 연구해보자.

해박한 지식으로 무장하라

해박한 지식으로 깊이 있는 대화를 이끌어내는 사람과 대화
하는 일은 즐겁다. 게다가 상대가 어떤 주제로 이야기를 하든
간에 보조를 맞추는 사람이라면 존경하는 마음까지 든다. 이러
한 능력은 어디서 비롯되는 것일까? 바로 독서다.

독서를 많이 하면 할수록 화제는 무궁무진해지며, 언어 구사
력이 향상돼 원하는 바를 효과적으로 잘 전달할 수가 있다. 상
대가 어떤 이야기를 해도 그에 맞춰 대화할 수 있다. 따라서 평
소에 독서하는 습관은 매우 중요하다.

그러면 독서를 어떻게 하는 것이 좋을까? 독서만큼 다다익선
인 것은 없다. 하지만 시간에 쫓기는 바쁜 현대인에게는 독서
하는 시간을 내는 것도 여의치 않다. 나 역시 마찬가지다. 그래

서 나는 다음과 같은 방법으로 독서를 한다.

- **단행본**: 언론의 신간안내를 주로 활용한다. 또한 유명인사의 추천도서나 지인들이 소개해준 책을 주로 읽는다. 매달 두세 권 정도 읽고 있는데, 대개 언론의 신간안내나 지인들 추천도서가 겹치는 경우가 많다. 이는 그만큼 사람들의 관심사가 쏠리고 있다는 뜻도 된다.

- **신문**: 중앙 일간지, 경제지 등을 구독한다. 겹치는 기사들은 세간에 꽤나 이슈가 되는 사항이니, 읽다 보면 자연스레 머릿속에 입력이 된다. 그 밖에 흥미로운 기사도 살펴보고, 필요한 정보는 표시해두고 필요할 때 다시 본다.

- **잡지**: 업계 근황을 소개하는 잡지나, 시사나 트렌드를 읽을 수 있는 잡지를 본다. 잡지는 특정 주제에 대해 심층적으로 다루기 때문에 특히 깊이 있는 대화를 이끌어 나갈 때 유용하다. 우리 이웃들의 소소한 이야기를 담은 잡지나 종

교 잡지를 통해서 이야깃거리와 웃음을 얻고, 좋은 글귀들을 보면서 마음의 위안과 긍정적 사고를 얻기도 한다.

● **인터넷**: 단행본이나 기사를 읽다가 그때그때 필요한 부분을 검색해서 이해하고, 정기적인 이메일 소식지를 통해 업계 동향을 파악하고 관련 단체에 대한 소식을 실시간으로 얻는다.

다독이 어렵다면, 최소한의 정보는 잊지 않고 챙겨야 한다. 독서는 현대 사회를 살아가는 데 없어서는 안 될 정보 획득의 수단으로서 실용적인 가치를 지닐 뿐 아니라, 인간 존재와 본질, 생활양식과 문화, 사물과 우주의 질서에 관한 폭넓은 지식을 제공하며, 경험과 사색의 폭을 넓힌다.

어느 개인이 알고 있는 지식 대부분은 의식적 혹은 무의식적인 독서의 결과이지 선천적으로 획득된 것은 아니다. 따라서 풍부한 독서를 통해 교양을 쌓은 사람은 자신의 가치를 드높이고 격조 높은 대화를 이끌어낸다. 그러니 시간 없다는 핑계로 책을 멀리하지 말고, 시간이 날 때 기사 단 몇 줄, 잡지 몇 줄이라도 읽도록 하자. 그런 자질구레한 것들이 쌓여 후에 대화할 때 유용한 소재가 될 수 있으며, 대화를 유쾌하게 이끌어나갈 수 있는 단초가 된다.

상대를 내 편으로 만드는 대화법

좋은 청중이 되라

맞장구를 쳐라

아낌없이 칭찬하라

겸손하라

솔직하라

대화를 준비하라

논쟁보다는 감성으로 대화하라

대화의 예의를 지켜라

의사소통은 정확히 하라

효과적인 몸짓언어를 활용하라

명함 정리를
잘하라

4

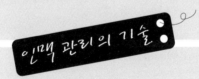
인맥 관리의 기술

■ ■ ■

　매일같이 쏟아져 나오는 수많은 정보와 자료로 인해 정보 과부하에 걸려 자칫 중요한 일을 놓치거나 잊기 쉽다. 그래서인지 시중에는 해야 할 일들을 기록하고 우선순위를 정하여 업무를 효율적으로 진행하도록 도와주는 방법이나 툴이 많이 소개되고 있다.

　그런데 정작 그 어떤 업무보다 중요한 인맥 관리는 의외로 대충하는 사람들이 많다. 그러다 보니 많은 사람들을 만날수록, 아는 사람이 늘어날수록 오히려 친밀한 인간관계의 폭이 줄어드는 악순환에 빠지곤 한다. 내게 소중한 사람이 누구인지, 감사한 사람이 누구인지 잊어버리고 그저 눈앞에 있는 사람과의 관계에만 연연한다.

　나 또한 직장생활을 한 햇수가 더해감에 따라 만나는 사람도 늘어나고 그에 따라 알게 되는 사람도 많아졌다. 1년차, 10년차, 20년차……. 세월이 흐르면서 승진도 하고 업무도 변했다. 그리고 그때마다 새로운 사람과 만났다.

　아는 사람이 점차 많아지자, 나는 이처럼 점점 복잡해지는 인간관계를 효율적으로 관리할 수 있는 방법이 없을까 내심 궁금했다. 하지만 마땅히 참고할 만한 교재나 양식도 없고, 그런 걸 가르쳐주는 직장 상사나 주변 사람도 없었다. 그래서 그때그때 내가 필요한 대로 정리하고 나름대로 양식을 만들어서 사용했는데, 어느 순간 그것이 나만의 인맥 관리 툴이 되어 오늘에 이르게 되었다.

뭔가 특별하고 거창한 룰은 없다. 알고 보면 굉장히 기본적인 것으로, 누구나 떠올릴 수 있는 방법일지 모른다. 하지만 '콜럼버스의 달걀'처럼 누구나 생각할 수 있는 것을 먼저 실행으로 옮기는 태도가 중요하지 않은가. 이것을 깨닫는 과정은 좀처럼 쉽지 않았지만, 이후의 파워는 실로 엄청난 것이었다.

나는 지금도 이 방법으로 매우 효과적인 인맥 관리를 하고 있다고 자부한다. 이제는 아무리 많은 거래처가 생기고, 아무리 많은 고객을 만나도 전혀 두렵지 않다.

이제 그 노하우를 공개해보고자 한다.

인맥 관리의 시작은
명함 정리부터다

필요한 물건을 어디다 두었는지 잊어버려 늘 허둥대는 사람들이 있다. 물건을 체계적으로 '정리' 하지 않았기 때문이다. 정리는 일을 효율적으로 진행하는 데 필수다. 걸핏하면 중요한 서류를 잊어버리거나 스케줄 정리를 제대로 못하는 사람에게는 중요한 프로젝트를 맡길 수 없다.

인맥 관리도 마찬가지다. 수많은 사람을 만나고 지속적으로 연락하면서 관계를 유지하려면 효율적인 관리가 필수적이다. 이런 효율적인 인맥 관리는 바로 명함을 잘 정리하고 활용하는 것에서부터 출발한다.

간혹 명함을 교환하지 않고 말로만 통성명을 하는 경우가 있는데, 업무상으로 만난 관계가 아니더라도 처음 만나는 사이라면 반드시 명함을 주고받는 게 좋다. 언제 어디서 다시 만나게 될지 모르고, 단 한 번의 만남이 소중한 인연으로 이어지기도 하기 때문에 명함 교환을 하지 않으면 소중한 인맥의 기회를 잃을 수도 있다. 따라서 어느 자리를 가든 반드시 명함을 챙기는 습관을 지녀야 한다. 깜박 잊고 명함을 들고 나오지 않은 경우에 대비해 명함을 여러 곳에 나눠서 가지고 다니는 것도 좋은 방법이다. 또한 처음 만나는 사람이 아닐지라도 자리 이동이나 이직으로 직급이나 소속이 바뀌었다면 새 명함으로 그러한 사실을 자연스럽게 알린다.

명함을 받고 나면 사무실에 돌아오자마자 반드시 '정리'해야 한다. '나중에 하지' 하고 차일피일 미루면서 함부로 굴리다가 잃어버리는 경우가 비일비재하기 때문이다. 필요할 때 찾아서 보면 된다는 생각에 그저 순서대로 명함첩에 꽂아놓거나 컴퓨터 파일에 정리하는 것으로 만족해서도 안 된다. 인맥을 제대로 관리하려면 명함을 단지 '모아놓는' 것으로는 부족하다. 관리란 정보를 모아놓는 것이 아니라 '활용하는' 것이기 때문이다.

명함을 효과적으로 활용하기 위해 가장 먼저 해야 할 일은 명함의 빈 공간에 상대에 대한 특징을 메모하는 것이다. 만난 일자와 누구의 소개로 만났는지, 어떤 일로 만났는지, 가장 인상적인 점은 무엇인지 등을 메모한다. 그 사람의 특징적인 인상착의라든가 상대가 관심을 보인 주제에 대한 메모까지 해두면, 다음에 만났을 때에 상대를 쉽게 알아볼 수 있을 뿐 아니라 흥미로운 대화 주제를 꺼내 좋은 분위기를 만들 수 있다.

그렇다고 해서 상대의 눈앞에서 명함에 대고 이러한 메모를 하는 것은 큰 실례다. 상대와 헤어진 뒤 기억을 되살려 메모하되, 나중에 명함만 보아도 상대의 이미지와 그날의 상황이 떠오를 수 있도록 인상적인 내용을 적도록 한다.

* 명함 활용 예

· 만난 날짜, 장소, 소개한 사람을 기록한다.
· 반드시 명함을 받은 당일에 기록한다.

C-NET
Connector

2007년 12월 11일
홍대입구역 별다방에서
출판 건으로 미팅

김 기 남

인천광역시 ○○구 ○○동 XX-7

TEL : (032) 813-0000
FAX : (032) 813-0001
H·P : 010-7194-0000
E-mail : ttttttt@conn-net.co.kr

· 만난 이유와 특징적인 인상착의, 관심 주제 등을 기록한다.

C-NET
Connector

원고 작성 경위에 대한 설명
부동산, 재테크 등에
관심과 지식이 풍부함

Kim, GI-NAM

XX-7, ○○-Dong, ○○-Gu,
Incheon, Korea

TEL : 82-32-813-0000
FAX : 82-32-813-0001
H·P : 82-10-7194-0000
E-mail : ttttttt@conn-net.co.kr

명함을 그룹별로 분류하고 기록한다

　명함에 필요한 정보를 적고 나면, 이제는 명함을 그룹별로 분류해야 한다. 나는 받은 명함을 일단 A, B, C 그룹으로 나눈다. 자주 만나거나 연락하면서 관계를 친밀하게 유지해야 할 사람은 A 그룹, 긴밀한 관계는 아니나 업무상 연락을 종종 주고받아야 할 사람은 B 그룹, 잦은 왕래는 없어도 신년이나 명절 때 안부 정도는 물어야 할 사람은 C 그룹으로 구분한다.

　이렇게 그룹을 정해 분류하는 이유는 각 그룹에 따라 관리하는 방식이 다르기 때문이다. 모든 사람을 자주 만나고 똑같이 성심성의껏 대할 수만 있다면 더할 나위 없이 좋겠지만, 인맥이 넓어질수록 이렇게 하는 것은 현실적으로 불가능하다. 그렇다고 시간이 없다는 핑계로 사람들을 소홀히 대할 수도 없는 노릇이다. 친밀한 관계를 유지해야 하는 주요 인맥인 경우에는 어떤 식으로든 자주 연락하면서 만나야 하고, 그렇지 않은 사람인 경우에도 1년에 몇 번은 안부를 묻는 것이 중요하다. 상대를 잊지 않고 주기적으로 연락하는 것만으로도 좋은 관계를 유지할 수 있기 때문이다.

그룹으로 분류한 명함은 주소록 파일에 정리한다. 명함에 있는 모든 정보, 즉 이름·회사·부서 및 직급·사무실 전화번호·휴대전화 번호·회사 주소·이메일을 입력한다. 덧붙여 명함에 자신이 기록한 정보와 A, B, C 그룹 가운데 어디에 속하는지도 입력한다.

주소록 파일은 자신이 만난 모든 사람의 정보를 담은 인맥 파일이다. 따라서 절대 분실하지 않도록 입력이 끝난 뒤에는 출력해서 항상 사무실 책장에 보관해둔다. 간혹 꼭 필요한 사람의 전화번호를 몰라 당황하거나 주위에 물어보는 경우가 있는데, 이는 결코 프로의 자세가 아니다.

이 주소록 파일은 6개월에 한 번 정도 들여다보면서, 혹시 직장이나 전화번호 등이 바뀐 사람은 없는지, 중요도가 달라진 사람은 없는지, 관리가 소홀한 사람은 없는지 체크한다.

✱ 주소록 파일 작성 예

회사명	이름	연락처	비고	그룹
관공서 · ·	○○시청	Tel 031)345-0000 Mobile E-mail Home www.abcd.co.kr Address 경기도 ○○시 ○○구 ○○동 XX-7		B
가족 친지 · ·	한○○	Tel 02)908-0000 Mobile 010-378-0000 E-mail hanoo@ccbc.co.kr Home Address 서울시 ○○구 ○○동 XX-8	19XX. 5. 1 생일	A
동창생 · ·	임○○	Tel 02)858-0000 Mobile 010-337-0000 E-mail limoo@abc.com Home blog.abc.com/lim Address 서울시 ○○구 ○○동 XX-9	개인 사업을 하고 있음	B
성당 교우 · ·	조○○	Tel 031)858-0000 Mobile 010-858-0000 E-mail chooo@abc.com Home blog.abc.com/cho Address 경기도 ○○구 ○○동 XX-10	성당 꽃꽂이 담당	B
A 거래처	강○○ 팀장	Tel 02)859-0000 Mobile 010-329-0000 E-mail kang@aabc.co.kr Home aabc.co.kr Address 서울시 ○○구 ○○동 XX-11	19XX. 4. 5 처음 일적으로 만남	A
B 거래처 · ·	김○○ 실장	Tel 02)860-0000 Mobile 010-860-0000 E-mail kim@abbc.co.kr Home www.abbc.co.kr Address 서울시 ○○구 ○○동 XX-12	임○○ 팀장 소개로 만남	A
C 거래처 · ·	박○○ 부장	Tel 032)324-0000 Mobile 010-9245-0000 E-mail park@acbc.co.kr Home www.acbc.co.kr Address 경기도 ○○시 ○○구 ○○동 XX-13		C

- 거래처(회사), 가족, 동창생, 성당 교우, 관공서 등으로 분류하여 기록한다.
- 명함에 있는 모든 정보를 입력한다.
- A, B, C 그룹 가운데 어디에 속하는지 입력한다.
- 입력이 끝난 뒤에는 출력하여 보관한다.
- 6개월에 한 번 정도 들여다보며 업데이트한다.

● 1단계_ A 그룹은 전화번호부에 기록한다

A 그룹에 속하는 사람들은 중요도가 높은 사람들이다. 즉 자주 만나거나 꾸준히 연락하면서 인연을 유지해야 할 주요 인맥이다. 이들은 따로 인맥 관리 플래너의 전화번호부에 한 번 더 기록한다(120페이지 참조). 나는 이 A 그룹에 속한 사람들을 친지, 거래처, 고객, 동창, 성당 교우, 관공서 등으로 색인을 매겨 이름, 회사, 부서 및 직급, 사무실 전화번호(혹은 집 전화번호), 휴대전화 번호를 모두 적는다. 이렇게 정리한 전화번호부는 항상 가까운 데 두고 시간 날 때마다 들춰보면서 안부 전화를 하고, 통화한 날짜를 기록하는 등 간단한 메모를 하기도 한다.

특히 비즈니스 미팅 때에는 잊지 않고 꼭 지참하며, 미팅이 끝난 후에는 관련된 사람이나 미팅 장소에서 가까운 곳에 있는 사람에게 안부 전화를 하거나 간단히 차 한 잔 하는 시간을 만든다. 예를 들어, "○○○씨, 안녕하세요. 저 ○○○입니다. 미팅이 있어서 근처에 왔는데 생각나서 연락 한번 드렸습니다. 잘 지내고 계시죠?"라고 묻는 것이다. 이같은 통화만으로도 상대는 강한 친밀감과 유대감을 느끼게 된다. 시간이나 여건이 허락한다면, "괜찮으시면 잠시

만나서 차나 한 잔 할까요? 제가 사겠습니다"라고 말하고
만날 수도 있다. 상대가 장소나 시간에 대한 제약을 덜 받
기 때문에 부담이 한결 줄어들기 때문이다.

✳ 전화번호부 작성 예

Name	Tel / Mobile / Home	Fax / E-mail	Memo
이OO 차장	Tel 02)861-0000 Mobile 010-861-0000 Home blog.abc.co.kr/lioo	Fax 02)861-0001 E-mail lioo@abc.co.kr	3. 24. 통화
한OO 대표	Tel 031)910-0000 Mobile 010-908-0000 Home	Fax 031)910-0002 E-mail han@abd.co.kr	4. 11. 특산 건
임OO 상무	Tel 02)342-0000 Mobile 010-342-0000 Home www.bbb.co.kr(회사 홈페이지)	Fax 02)342-0003 E-mail bbbb@bbb.co.kr	3. 20.
조OO 부장	Tel 02)420-0000 Mobile 010-420-0000 Home blog.ccc.co.kr/ccc	Fax 02)420-0004 E-mail cccc@ccc.co.kr	2. 4.
강OO 팀장	Tel 02)342-0000 Mobile 010-342-0000 Home www.ddd.co.kr	Fax 02)342-0005 E-mail dddd@ddd.co.kr	
김OO 실장	Tel 02)217-0000 Mobile 010-217-0000 Home	Fax 02)217-0006 E-mail eeee@eee.co.kr	3. 1. 통화 승진 축하
최OO 대표	Tel 032)813-0000 Mobile 010-813-0000 Home www.fff.co.kr(공식 홈페이지)	Fax 032)813-0007 E-mail ffff@fff.co.kr	
Name	Tel Memo	Mobile Home Fax	

- 자주 만나거나 꾸준히 연락하면서 인연을 유지한다.
- 항상 가까운 데 두고 시간 날 때마다 보고 안부 전화를 한다.
- 통화한 날짜를 기록하는 등 간단한 메모를 한다.
- 비즈니스 미팅 때 잊지 않고 소지한다.

● 2단계_ A 그룹과 B 그룹은 휴대전화에 입력한다

주로 업무상 통화하는 B 그룹에 속하는 사람들과 주요 인맥인 A 그룹의 사람 모두 휴대전화에 저장한다. 휴대전화에 번호를 입력하는 것은 전화를 받았을 때 상대를 기억하지 못하는 실수를 방지하는 의미도 크기 때문에 연락을 자주 하지 않는 사람일지라도 반드시 입력해둔다. 특히 거래처나 고객의 전화를 받고도 상대가 누군지 몰라서 실수를 할 경우에는 비즈니스에 치명적일 수 있다. 따라서 한 번본 사이라도, 전화가 걸려오면 이쪽에서 즉시 상대를 떠올리고 대화 내용을 재빨리 파악해서 대처할 수 있도록 정보를 잘 입력해두어야 한다.

휴대전화에 정보를 등록할 때에는 상대의 이름, 직급, 회사, 사무실 전화번호와 휴대전화 번호 모두를 입력한다. 추가로 상대의 이름을 입력하는 칸에 이름, 직위, 회사명을 간단하게 순서대로 입력한다. 칸이 부족하면 영어 이니셜을 사용해도 좋고, 자신만의 단어를 만들어 사용해도 좋다. 한눈에 '어느 회사 누구'라는 점이 파악되도록 하는 데 중점을 둔다. 이렇게 해두면 수신화면에 발신자의 기본 정보가 뜨기 때문에 매우 유용하다. 상황에 따라 이름 뒤에 직

위나 회사명 대신 자신에게 의미 있는 다른 정보를 덧붙여
도 좋다.

* 핸드폰 입력 예

● 입력할 때

> · 이름, 직책, 회사명 순으로 입력
> 한다.
> · 회사명이 길면 이니셜을 사용
> 한다.
> · 상황에 따라 인식이 용이한 별
> 칭이나 의미 있는 정보를 덧붙
> 여도 좋다.

● 전화를 받을 때

> · 수신화면에 발신자 뜨기 때문
> 에 상대방을 알아 볼 수 있다.
> · 상대를 기억하지 못하는 실수
> 를 방지한다.

● 3단계_ C 그룹은 문자 발송표에 기록한다

평소에는 별로 왕래가 없지만, 신년이나 설날, 추석 같은 특별한 날에 문자 메시지 정도는 꼭 보내야 할 사람들은 인맥 관리 플래너의 문자 발송표에 따로 기록해 관리한다(124 페이지 참조). 이 문자 발송표에는 이름과 휴대전화 번호만 기록한다.

문자 발송표는 그저 단체 문자를 발송하기 위한 것이 아니고, 상대를 잊지 않고 주기적으로 안부를 전하기 위함이다. 나는 명절이나 연말연시가 되면 이 문자 발송표에 있는 사람들을 일일이 훑어 내려가며 문자를 보내거나 전화를 걸어 인사하는 것을 잊지 않는다.

문자 발송표는 공간이 제한적이니 기호로 표시하는 것이 좋다. 예를 들어, 문자를 보냈으면 'm', 전화를 걸었으면 't'로 구분하여 표시한다. 문자를 보낸 경우 상대가 답변 메시지를 보내면 'm' 위에 동그라미를 표시해, 상대가 나에게 얼마나 관심을 가지고 있는지 유추해볼 수도 있다. 만약 불가피하게 단체 문자를 발송할 수밖에 없다면, 회신이 오는 문자에 대해서는 반드시 개별 답신을 보내도록 한다.

이런 일이 매우 번거롭고 시간과 비용이 만만치 않다고

느낄 수도 있다. 하지만 사람들과의 소중한 인연을 이어가는데 이 정도 수고는 어쩌면 당연하다고 할 수 있다. 어떤 일이나 마찬가지겠지만, 인간관계도 노력한 만큼 결과가 돌아온다.

＊ 문자 발송표 사용 예

문자를 보냈을 때

전화를 걸었을 때

No	회사명	이름	핸드폰	신년	설	추석	기타
1	A사	김00	010-6410-0000	m	ⓜ	t	
2	A사	윤00 상무	011-9400-0000	m	m	t	
3	b사	임00 상무	011-840-0000	m	t	m	
4	b사	도00	011-9400-XXXX	m	m	m	
5	c사	최00 상무	016-8390-XXXX	t	m	ⓜ	
6	d사	백00 상무	017-3330-0000	m	m	m	
7	e사	서00 상무	018-920-XXXX	t	m	ⓜ	
8	f사	강00 상무	019-9320-XXXX	t	m	m	
9	f사	정00 부장	011-3330-XXXX	m	m	ⓜ	
10	f사	황00 팀장	010-6720-XXXX	m	t	m	
11	f사	000 부장	010-3820-0000	m	ⓜ	m	

상대가 답변 메시지를 보내왔을 때 O표를 한다.

- 문자 메시지는 가급적 광범위하게 보낸다.
- 필자의 경우는 1년 중 신년, 설, 추석, 기념일에 600명 정도의 지인에게 발송한다.
- 발송한 날짜와 응답 표시를 해놓으면 나에 대한 관심 정도를 유추해볼 수 있다.
- 번호가 바뀌었거나 새로운 지인이 생겼을 때에는 그때그때 업데이트한다.

정리가 끝난 명함은
명함첩에 보관한다

명함을 단계별로 정리, 기록하는 일이 끝났다면 명함첩에 넣어 보관한다. 사실상 기록 보험이 하나 더 있는 셈이다.

명합첩 겉면에는 '③ 2001년 1월 1일~2003년 11월 31일'이라고 일련번호와 기간을 적어 넣는다. 이렇게 기간별로 나누어 명합첩을 정리하면, 특정 시기에 만난 사람의 명함을 찾고 싶을 때 해당 명함첩만 확인하면 바로 찾을 수 있다.

명합첩을 시기별이 아닌 주요 거래처, 관공서, 동창, 친지, 접대하기 좋은 음식점 등 카테고리별로 나눈 뒤, 가나다순으로 정리하는 것도 추천할 만하다.

＊ 명함첩 보관 요령 예

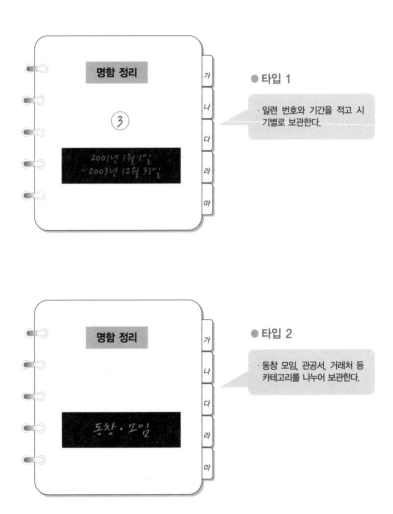

명함 정리

③

2001년 1월 1일
~ 2003년 12월 31일

가
나
다
라
마

● 타입 1

· 일련 번호와 기간을 적고 시기별로 보관한다.

명함 정리

동창 · 모임

가
나
다
라
마

● 타입 2

· 동창 모임, 관공서, 거래처 등 카테고리를 나누어 보관한다.

＊ 명함 관리 단계별 요령

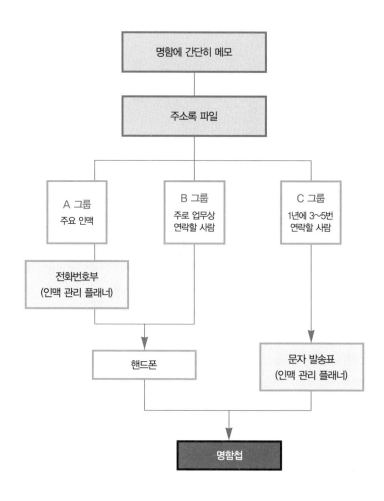

인맥 관리
플래너 사용법

인맥 관리의 기술

■ ■ ■

상대를 기억하는 것은 인맥 관리에 있어서 매우 중요하다. 하지만 나만 기억해서는 의미가 없다. 상대의 마음속에 나를 각인시키는 것. 이게 핵심이다.

어떻게 하면 나라는 존재를 상대의 마음속에 자리 잡게 할 수 있을까? 가장 중요한 것은 상대에게 꾸준히 관심을 보이는 자세다. 아무리 상대에 대한 마음이 진실하다고 해도 표현하지 않으면 소용없다. 표현하지 않는 마음을 알아주는 사람은 이 세상에 거의 없다고 해도 과언이 아니다.

술자리 몇 번으로 신뢰가 쌓이고 돈독한 관계가 형성되지는 않는다. 상대에게 관심을 갖고 지속적으로 연락을 주고받다 보면, 아무리 냉정한 사람이라도 마음의 문을 열고 이쪽의 진심을 받아들인다. 그 사람 마음속에 내 존재가 확고히 자리 잡게 되는 것이다. 그런데 문제는 사회생활을 활발히 할수록, 지위가 높아질수록 만나고 연락하고 관계를 유지해야 할 사람들이 급속히 늘어난다는 점이다. 어떻게 이 많은 사람들에게 지속적인 관심을 표현할 것인가? 나는 많은 관심을 가지고 고민해왔다. 그리고 이러한 관심과 고민 끝에 나만의 인맥 관리 플래너를 완성하게 되었다.

이 플래너는 단순히 일정을 기록하는 시스템 수첩이나 다이어리가 아니다. 상대의 마음속에 나를 각인시킬 수 있는 효율적인 인맥 관리 도구다. 물론 이 플래너를 사용한다고 해서 어느 날 갑자기 인맥 관리의 달인이 되는 것은 아니다. 개인의 행동 양식이나 성격이 하루아침에 달라지지 않듯이, 이 플래너의 사용 방법을 익히고 꾸준히 사용하면서 인맥을 효율적으로 관리하는 습관을 들여야 한다. 그러기 위해서는 다음과 같은 사항을 실천해야 한다.

첫째, 하루를 시작하면서 인맥 관리 플래너를 펼쳐본다. 매일 일정한 시간을 정해 열어보지 않으면, 그날그날의 일정에 쫓겨 멀리 내다보거나 주변을 돌아볼 여유를 갖기 어렵다. 따라서 가능하면 아침에 출근하자마자 인맥 관리 플래너를 펼쳐보는 습관을 갖도록 하자. 또한 출퇴근 시간이나 짬짬이 나는 자투리 시간에 플래너를 펼쳐들고 소중한 사람들에게 무심하지는 않았는지, 관계가 소원해지지는 않았는지 점검한다. 오랫동안 연락을 못한 사람이 있으면, 전화나 이메일 등으로 간단하게라도 안부를 전하도록 체크한다. 혹시 중요한 약속을 잊지는 않았는지 체크하는 것도 매우 중요하다.

둘째, 일정을 메모하는 습관을 들인다. 거래처나 고객, 친지나 지인 등 주요 인맥들과 관계된 것이라면, 미팅이나 모임은 물론 간단한 통화, 문자 메시지나 이메일 발송, 꽃다발이나 선물 증정 등 사소한 것일지라도 그 내용을 적는다.

확정되지 않은 일정인 경우, 일단 연필로 적어놓았다가 확정되면 다시 펜으로 적어 넣는다. 불확실한 일정이라고 해서 적어두지 않으면, 나중에 잊어버리고 다른 일정을 중복해서 잡아놓아 자칫 중요한 비즈니스 기회를 놓치게 된다.

이처럼 인맥 관리 플래너에는 중요 인맥과 관련된 크고 작은 일정을 늘 메모하면서, 이를 업데이트하고 우선순위를 조절하며 관리한다.

셋째, 바로 행동에 옮긴다. 계획만 하고 자꾸 미루면서 실천하지 않으면 아무런 의미가 없다. 누군가에게 용건 없이 연락을 하는 것이 꽤나 성가시게 느껴질 수도 있다. 또한 별로 친하지 않은 사람에게 연락하는 일도 쑥스럽고 부담스럽게 느껴진다. 이는 누구에게나 마찬가지며, 대부분의 사람이 이런 일을 꺼려하기 때문에 오히려 내게 기회가 있는 것이다. 남들보다 조금 더 부지런하게 열심히 연락하고 만나다 보면, 훨씬 많은 비즈니스와 인생의 기회가 열린다.

인맥 관리 플래너는 단지 약속이나 일정을 기록하는 데 목적이 있는 툴이 아니다. 우리에게 소중한 인간관계를 효율적으로 관리하는 시스템이다. 그렇다면 이 시스템을 어떻게 이용해야 효과적일까? 그 사용 방법을 소개한다.

핵심 인맥_ **월간 체크표로 장기적으로 관리하라**

용무가 있을 때 찾아가는 것은 누구나 할 수 있다. 하지만 이런 형식적 만남이 무슨 의미가 있겠는가? 진심으로 서로를 신뢰하는 돈독한 관계를 맺고 싶다면, 평소에 꾸준히 관심을 표현해 자신의 마음이 상대에게 전달되도록 해야 한다. 그러려면 장기적이고 체계적인 관리가 필요하다.

A 그룹으로 분류한 사람 가운데 각별히 더 신경 써야 할 핵심 인맥이 있을 것이다. 주요 거래처의 담당자일 수도 있고, 핵심 고객일 수도 있고, 비즈니스와 관계는 없지만 중요한 사람일 수도 있다. 어쨌든 이 핵심 인맥은 최소한 한 달에 한 번쯤 연락하면서 장기적으로 관계를 지속해야 할 사람들이다. 이러한 사람들은 따로 분류해 한 장의 월간 체크표로 관리한다. 물론 상

황에 따라서 리스트를 추가해도 무방하다.

나는 주로 핵심 거래처를 관리하기 위해 월간 체크표를 사용한다. 월간 체크표는 연 단위 월간 체크표로서, 월간 체크표에는 약 20명 가량 되는 사람들을 기록한다. 이들은 매달 한 번 정도는 연락을 취하거나 만나야 하는 핵심 인맥이다.

일단 월간 체크표에 업체명과 이름을 적은 뒤, 매월 빈칸에 언제 해당 인물과 무엇을 했는지 간략하게 적는다. 예를 들어, D사의 E상무와 3월 15일에 통화했다면, E상무 이름이 씌어진 열의 3월 칸에 '15일 통화' 라는 식으로 적는 것이다.

이 월간 체크표에 기록된 사람들과는 가능한 매월 점심이나 저녁을 함께하는 시간을 만들도록 애쓴다. 시간이 없으면 가볍게 차라도 한 잔 마시도록 한다. 이마저도 여의치 않을 때에는 전화를 하거나 문자 메시지라도 보낸다. 해외에 거주하는 사람이나, 국내에 있다고 할지라도 생활반경에서 멀리 떨어진 사람은 특히 더 신경 써야 한다. 자주 만날 기회가 드물기 때문이다. 매달 이메일이라도 보내서 지속적인 관계를 유지하도록 한다.

* 월간 체크표 활용 예

업체명	이름	1월	2월	3월	4월
A사 전자사업부	백○○ 팀장	25일 통화	5일 미팅		
A사 영상사업부	서○○ 부장	2일 통화	15일 통화	21일 통화 22일 통화	
A사 OMS 사업부	강○○ 부장	수시 메일	10일 식사	수시 메일	12일 통화
B사 전자사업부	정○○ 상무		27일 미팅	27일 미팅	
B사 영상사업부	황○○ 팀장	19일 통화	설 문자		16일 통화
B사 OMS 사업부	신○○	15일 미팅 28일 미팅	14일 통화	7일 미팅	24일 미팅 16일 저녁식사
B사 생산관리부	이○○				19일 통화
C사 영업관리부	라○○ 부장		설 문자	14일 저녁식사	10일 점심식사
C사 연구개발부	김○○ 전무	29일 통화	설 인사		
D사	이○○ 상무	6일 점심식사 31일 저녁식사	22일 내사	19일 미팅 30일 미팅	9일 저녁식사
E사	구○○ 상무	22일 메일 발송	설 문자	6일 통화	19일 통화
F사	이○○ 팀장	22일 통화	13일 통화	14일 저녁식사	18일, 25일, 27일 통화
G사	남○○ 팀장	22일 메일 발송	설 문자	6일 통화	19일 통화
H사	최○○ 팀장	8일 점심식사	설 인사		
I사	조○○ 팀장				

이름, 직책을
함께 적는다.

날짜와 접촉 방법
(통화, 메일, 문자, 미팅,
식사)을 적는다.

5월	6월	7월	8월	9월	10월	11월	12월
		24일 미팅	10일 통화	28일 문자 수신			
	27일 통화				2일 통화 23일 통화	20일 통화	
21일 통화	26일 통화		6일 통화	1일 메일 발송 3일 통화	4일 메일 수신		7일 통화
		22일 저녁식사 25일 통화				5일 통화	
		4일 통화		11일 통화	12일 미팅		
11일 통화	27일 통화	2일 통화	10일 통화		2일 통화	3일 통화	10일 통화
		4일 통화 5일 미팅		3일 통화 6일 미팅			
	25일 통화	5일 통화	9일 통화 13일 미팅	11일 통화	7일 통화 17일 미팅		8일 통화
				11일 통화	9일 문자 발송 10일 통화		9일 통화
10일 통화	1일 통화 27일 미팅	27일 통화	24일 통화	14일 통화 17일 점심식사	22일 통화		
	13일 통화	4일 통화 10일 통화 21일 미팅	2일 통화	4일 통화 7일 점심식사	3일 통화	4일 통화	10일 미팅
9일 통화 10일 미팅	4일 통화 20일 통화	16일 통화 18일 통화	27일 미팅	1일 통화 10일 점심식사	1일 미팅 10일 통화	3일 통화	8일 미팅
	13일 통화	4일 통화 10일 통화 5일 미팅	2일 통화		4일 저녁식사	10일 점심식사	20일 저녁식사
	5일 저녁식사	13일 저녁식사					4일 저녁식사

- 가장 중요한 핵심 인맥을 기록한다.
- 가능한 한 장으로 만들어 사용한다.
- 최소한 한 달에 한 번쯤은 연락한다.
- 점심, 저녁, 차를 함께하거나 같이 운동하는 것도 좋다.
- 바빠서 만날 시간이 없다면 전화나 문자 등으로 안부를 묻는다.
- 시간적·공간적으로 어렵다면 이메일이라도 꼭 보낸다.

연 계획_ 월간 플래너에 큰 그림을 그린다

연말이면 새해 계획을 세우고 시간을 효율적으로 관리하기 위해 각종 다이어리를 사는 사람들로 서점이나 문구점이 붐빈다. 나 또한 매년 12월이 되면 새해 계획을 짜느라 분주하다.

일단 새해에 있을 주요 일정을 인맥 관리 플래너에 있는 월간 플래너에 미리 적어둔다. 국내외 출장 예정이라든가, 워크숍 및 각종 행사 등 미리 예정된 일정을 적어두는 것이다. 그런 다음 반드시 챙겨야 할 주요 거래처나 지인들의 일정도 적어둔다. 거래처의 창립기념일이라든가, 주요 지인들의 생일이나 각종 기념일 등을 기록해두는 것이다. 그래야만 내가 꼭 챙겨야 할 중요한 일정이 누락되거나 다른 일정과 중복되는 일이 없다. 이렇게 일정을 기록한 뒤, 사안에 따라 통화를 할지, 메시지를 보낼지, 직접 방문을 해야 할지, 꽃다발이나 선물을 준비해야 할지 등 사전에 틀을 짜놓는 것도 잊지 않는다.

때로는 어쩔 수 없이 일정이 중복되는 경우도 있는데, 미리 계획을 짜둔 관계로 대처하기가 매우 용이하다. 예를 들어, 출장 기간에 거래처 주요 지인의 생일이 겹쳤을 경우, 선물을 미리 준비하거나 꽃집에 예약해 정해진 일자에 배달되도록 한다. 친척 간에 생일이 겹친 경우는, 날을 맞춰 한날에 할 수 없는지 그 전에 미리 의논해볼 수도 있다.

고객사의 창립기념일, 지인들의 생일이나 각종 경조사, 친지의 제사 등은 대개 1년에 한두 번뿐인 중대사인 경우가 많다. 따라서 미리 기록해두지 않으면 자칫 바쁜 일상 속에 잊어버리고 지나치기 쉽다. 게다가 이런 일들은 당일에 챙겨야 의미 있는 경우가 많은데, 당일에 갑자기 생각난다거나 며칠이 지나서야 기억이 난다면 매우 당황스런 상황을 맞이할 수 있다.

사람과의 관계에서 이런 중요한 기념일을 챙기는 것만큼 상대를 감동시키는 일도 없다. 따라서 이런 놓치기 쉬운 일정일수록 미리 메모하고 철저히 준비해야 한다. 이쪽의 정성과 섬세함에 감동한 상대는 내 든든한 인맥이 되어 있을 것이다.

✳ 연 계획 : 월간 플래너 활용 예

1

January

SUN	MON	TUE	WED	THU	FRI	SAT
	신년 문자발송	1 신년	2	3 신AA 부장 자제분 유학 출국일 축하 메시지	4	5
6 B사 창립기념일 축하 화환	7	8 남AA 계장 결혼기념일 축하 메시지	9	10 L사 제품 런칭일 축하 화환	11	12
13 최OO 이사 자제 XX시험 합격 축하선물	14	15	16	17 M사 창립기념일 축하 화환	18	19
20 D사 고OO 전무 회갑 부조 / 조QQ 결혼식 부조	21	22	23	24	25 최RR 결혼식 부조	26
27	28 박QQ 과장 수술 문병(화환)	29	30 C사 제품 런칭 기념 축하화환	31		

다른 일정과 겹치지
않도록 주의한다.

거래처 행사와 취해야 할
행동 방법(화환, 문병, 부
조, 선물, 축하 메시지 등)
을 구체적으로 적는다.

SUN	MON	TUE	WED	THU	FRI	SAT
					1	2
3 B사 김EE 부장 큰아들 결혼식 부조	4	5 설날 문자발송	6	7 설날	8	9
10 유JJ 과장 아들 돌축하 금반지	11	12	13	14 A사 임AA 결혼 식 부조	15	16
17 임BB 동생아들 출산축하 메시지	18	19	20 심MM 큰아들 국 가고시 합격 축 하 메시지	21	22	23
24	25 E사 이NN 이사 귀국 축하전화	26	27	28 K사 전PP 집 이사 축하방문	29	

- 새해의 중요 일정을 미리 적는다.
- 주요 거래처나 지인들의 일정도 반드시 적는다.
- 꼭 챙겨야 할 생일, 각종 기념일 등을 기록한다.
- 다른 일정과 중복되는 일이 없도록 한다.
- 전화, 메시지, 방문, 꽃다발이나 선물 등을 준비해야 할지 대비한다.
- 1년에 한두 번뿐인 중대사는 놓치지 말고 챙긴다.

월 계획_ 월간 플래너에 주요 행사를 기록한다

연 계획을 세울 때 작성한 월간 플래너는 매월 말 다음 달 일 정을 기록하면서 업데이트한다. 이 월간 플래너를 통해 해당 월의 주요 일정을 사전에 점검하고 전체 일정을 일목요연하게 파악할 수 있다.

월간 플래너는 새 일정을 잡을 때 가장 먼저 확인해야 하는 데, 미팅이나 주요 행사의 일정이 정해지면 해당 월, 일에 누구 와 만나는지, 용건은 무엇인지 기록해둔다. 이때 이전에 세운 연 계획이나 월 계획 일정과 중복되지 않도록 주의해야 한다.

확정되지 않은 주요 미팅은 우선 예정일을 지정해 연필로 적 어두고, 그 기간에 가능한 다른 일정을 잡지 않도록 주의한다. 추후에 일정이 확정되면 연필로 적은 부분을 지우고 펜으로 확실하게 다시 적는다.

미팅 시 차기 미팅 일정이 잡히면, 일단 오늘 잡았던 미팅 계획 옆에 차기 미팅 일자를 기입하여 잊지 않도록 한다. 이후 해당 날짜에 정확한 내용을 다시 기입한다.

월간 플래너를 작성할 때에 유의할 점은 '우선순위가 높은 일정' 위주로 해야 한다는 것이다. 약속이 너무 많다고 여겨질 때에는 불필요하거나 우선순위가 높지 않은 일정이 있는지 확인하고 조정할 필요가 있다.

나는 월간 플래너에 전화 통화나 문자 메시지 혹은 메일 발송과 같은 소소한 일정뿐 아니라, 선물이나 꽃다발 배송 같은 내역도 기록한다. 사람들은 대개 미팅이나 모임 등 상대를 직접 만나는 일정만을 체크하여 관리하는데, 인간관계란 꼭 만남을 통해서만 발전하지는 않는다. 간단한 통화나 문자 메시지, 이메일, 간단한 선물이나 작은 화환 등으로도 얼마든지 돈독한 관계로 발전할 수 있다. 상대에게 관심과 성의를 표현할 수만 있다면 어떠한 방법이라도 상관없으니, 다른 일정처럼 미리 계획하고 메모하고 반드시 지키도록 한다.

* 월 계획 : 월간 플래너 활용 예

4
April

SUN	MON	TUE
30	31	1 B사 회장과 점심 남PP 계장 통화
6 11:00 미사 모락산 등반	7 안AA 님 기념회 14:00 A사 통화	8 김AA 팀장 통화 큰조모님 제사 C사 김EE 부장, 박FF
13 9:00 미사 유JJ 과장 아들 돌축하 (금반지)	14 이LL 메일발송 사장님 일본출장 B사 구WW 통화 14:00 최100 과장 미팅	15 Q사 이100, 이MM 미팅 K사 구HH 점심. 이FF, 박RR 통화
20 6:00 아침운동 11:00 미사 정00 씨 통화 (안00 님)	21 E사 700만원 입금 최JJ 사장 미팅 송NN 연구원 통화 김AA 상무 통화	22 사장님 일본 출장 허11 통화 이FF, 조YY 가격문의 N사 노VV 통화
27	28	29

행사와 주요 일정과
선물 내용도 적는다.

간단하지만 구체적인
내용을 적는다.

누구와 무슨 용건으로
만났는지 기록한다.

WED	THU	FRI	SAT
2 18:00 역삼역 G사 방문 C사 사장 면담	**3** 진료: OO 대학병원 OK 신YY 부장, 이PP 그룹 장 통화 구QQ 책임.	**4** 워크숍(4/4~4/5) 의정 보고: 여성문화회 관 오후 2시	**5** H사 연수원 등산, 축구 윤JJ, 하JJ 사장 통화 H사 회장과 저녁
9 국회의원 선거 G사 송OO 통화 조WW, 이RR 저녁식사	**10** L사 이SS 실장 통화. 조CC 대리 통화 구미 이JJ 통화	**11** L사 출장 김TT, 이CC, 김MM, 장JJ 김JJ, 박HH, 김SS, 김 CC =) 미팅	**12** 13:00 L사 김TT 결혼 15:30 간SS 사장 딸 결혼
16 이KK 그룹장 통화 김LL 통화(016-342- XXXX) K사 김VV 통화	**17** 김JJ 팀장 미팅 L사 박SS 통화 S사 박JJ R사 구SS	**18** H사 재편가입 C사 이사장과 저녁 이GG 그룹장 미팅 S사 이JJ 차장 미팅	**19** 품질시스템 워크숍 H사 우GG 문자줌 이NN 저녁 통화 모락산 등반
23 G사 송OO 통화 김MM 통화 S사 백BB 통화	**24** 이NN 사장 내사 예정 구SS, 박SS 통화 -> 1월 28일 연기	**25** 구미 A사 방문 남 이사 통화. 김CC 동기 통화.	**26** 구미 -> 수원 김 사장 미팅 이발

확정되지 않은 일정

- 매월 말 다음 달 일정을 기록하면서 업데이트한다.
- 이번 달 주요 일정을 미리 점검한다.
- 언제 누구와 만나는지, 용건은 무엇인지 기록한다.
- 확정되지 않은 일정은 연필로 적고, 확정되면 펜으로 적는다.
- 우선순위가 높은 일정을 위주로 짠다.
- 전화, 문자, 메일, 선물, 꽃다발 등의 내용도 기록해둔다.

2주 계획_ 주간 플래너를 이용해 약속을 상기한다

인맥 관리 플래너를 이용해 연 계획과 월 계획을 세웠다면, 이제는 주간 플래너를 사용할 차례다.

나는 한 페이지에 2주간 일정을 기록할 수 있는 주간 플래너를 만들어 사용한다. 대개 시중에서 판매하는 다이어리에 들어 있는 주간 계획표는 1주 단위로 되어 있는데, 대부분 금주에 다음 주의 일정을 잡는 경우가 많아서 페이지를 넘겨가며 일정을 정리하는 데 비효율적이다. 2주 일정을 한 페이지에 넣으면 이런 불편을 덜 수 있을 뿐 아니라 메모 공간도 적당하기 때문에 사용이 용이하다.

주간 플래너는 월간 플래너와 연동되는데, 월간 플래너에 적혀 있는 일정을 보다 구체적으로 적는다. 예를 들어, 4월 14일에 거래처와 미팅이 있다고 하자. 월간 플래너에 기록할 때에는 4월 14일에 해당하는 날짜에 '14:00 최○○ 과장 미팅'이라고 간단히 적는 데 비해, 주간 플래너에는 '14:00 회사 사무실에서 최○○ 과장 미팅—공급 물량 논의, 장부 지참'이라고 보다 확실하게 적는다. 즉 월간 플래너에는 시간과 만날 사람만 적는 데 반해, 주간 플래너에는 시간, 장소, 만날 사람, 용건 등을 구체적으로 명시한다.

주간 플래너에는 예정에 없던 갑작스런 약속이나 모임을 적어 넣기도 한다. 또한 빈칸이 보이면 거래처나 고객들과 미팅 일정을 잡기도 한다. 특별한 일정이 없는 날을 이용해 기존 거래처를 관리하거나 새 고객을 한 명이라도 더 만나려는 것이다. 새로운 일정을 잡을 때에는 본인이 먼저 약속을 제안하고 상대의 협조를 구하는 형식으로 진행하여 효율적으로 시간을 관리할 수 있도록 한다.

주간 플래너는 월간 일정을 내용을 보다 상세하게 기록함으로써, 미리 준비하고 확인하여 예정된 일정 등이 차질 없이 진행되도록 하는 데 중점을 둔다.

✳ 2주 계획 : 주간 플래너 활용 예

★ 이번 주

MON	TUE	WED
(7)일	(8)일	(9)일
안AA 님 기념회 참석 14:00. 과천청사 옆 시민회관 A사 통화 - 물량 공급 건	10:30 김AA 팀장 통화 - 책 출간일 건. 날짜 확정 C사 김EE. 박FF 미팅 - 내사. 장부 대조 21:00 집-제사 준비	선거일 14:00 G사 송00 통화 -간단한 안부 전화 초WW. 이RR 저녁식사 - 19:00 강남 느음식점 16:00 김00 사장 미팅

갑작스럽게 잡힌 일정

★ 다음 주

MON	TUE	WED
(14)일	(15)일	(16)일
14:00 최00 과장 미팅 - 공급 물량 논의. 장부 지참	Q사 이00. 이MM 미팅 - 11:00 사무실에서 납 품 건 의논	이KK 그룹장 통화 - 차기 미팅 날짜 확인 및 안건 확인

빈칸은 새로운 일정을 잡는다

THU	FRI	SAT	SUN
(10)일	(11)일	(12)일	(13)일
L사 이SS 실장 통화 - 11:00 스카우트 건 조CC대리 통화 - 납기일 문제 없는지 확인 구미 이JJ 통화 -공급 물량 잘 생산 되고 있는지 확인	L사 출장 예정 김JJ, 백HH, 김SS, 김CC 미팅 - 15:00 신규 아이템 회의	13:00, L사 김TT 결혼 - 양재동 W 웨딩홀 15:30 강SS 사장 딸 결혼- 의왕시 00동 A 웨딩홀	9:00 미사 참석

THU	FRI	SAT	SUN
(17)일	(18)일	(19)일	(20)일
12:00 김JJ 팀장과 점심	10:00		

- 한 페이지에 2주간 일정을 만들어 사용한다.
- 월간 플래너의 일정보다 구체적으로 적는다.
- 시간, 장소, 만날 사람, 용건 등을 구체적으로 기록한다.
- 예정에 없던 갑작스러운 약속이나 모임도 적는다.
- 빈칸이 보이면 거래처나 고객들과 새 미팅 일정을 잡는다.
- 일정을 상세히 기록하여 미리 준비하고 확인한다.

미팅 일지_ 관리 효과를 높인다

일정을 잡고 미팅을 하는 것도 중요하지만, 미팅 이후에 후속 조치를 취하는 것 또한 매우 중요하다.

나는 미팅 때 거론된 안건들을 미팅 일지에 일목요연하게 정리해놓고 수시로 확인함으로써 추진하고 있는 업무가 원활하게 마무리되도록 하는 데 활용한다. 일단 특정 거래처와 여러 차례 미팅을 하는 경우, 각 미팅별로 순서대로 일련번호를 붙이고 미팅 일자를 적는다. 예를 들어, S거래처를 2007년 3월 21일에 처음 만났다면 S거래처 미팅 일지를 만들어 '1) 2007. 3. 21' 라고 쓴다. 이후 2007년 5월 14일에 두 번째 미팅을 가졌다면 '2) 2007. 5. 14' 라고 쓰면 된다. 즉 각 거래처와의 미팅 일자에 일련번호를 붙여서 몇 번째 미팅인지 표기하는 것이다.

이 일련번호는 거래처와의 미팅에서 꽤 요긴하게 쓰인다. 미팅 횟수까지 기억하는 사람은 별로 없기 때문에 "오늘은 우리가 ○○번째 미팅을 갖는 날입니다. 참으로 오랫동안 같이 일했죠? 그런 의미 있는 날이니만큼 오늘 미팅 잘해봅시다"라고 말한다면 특별한 인상을 심어줄 수 있다.

이렇게 횟수와 일자를 기록했다면, 그날 미팅에 어떤 이야기가 오갔는지, 다음 미팅 때는 언제인지, 어떤 안건을 주요 사안으로 다뤄야 하는지 적어서 업무 진행 과정을 확인할 수 있도록 한다. 관계부서와 공조해야 하는 부분은 따로 표시를 해두고 도움을 받도록 하며, 차기 미팅 일자가 잡히는 경우는 월간 플래너와 주간 플래너에도 기록해둔다.

나는 이러한 미팅 일지 파일을 A 거래선과 B 거래선으로 구분해 관리하고 있다. A 거래선은 현재 활발하게 비즈니스가 이뤄지고 있는 기존 거래처이며, B 거래선은 신규 또는 가망 거래처들로 일정 기간 내에 A 거래선으로 이동될 수 있도록 노력해야 하는 사업체다.

이와 같이 파일 정리를 하면 자사나 거래처 담당자가 바뀌어도 업무에 차질이 생기지 않는다. 미팅 일지에 모든 사항이 자세히 기록되어 있으므로 이전과 다름없이 지속적으로 업무를 추진할 수 있기 때문이다. 이처럼 담당자가 바뀌어도 당황하지 않고 차질 없이 업무를 수행하면 거래처의 큰 신뢰를 얻게 된다.

또한 거래처의 미팅 일지를 면밀히 관찰함으로써 잘못된 주문이나 승인이 없는지 확인할 수 있다는 것도 큰 장점이다. 잘못된 주문은 바로 정정해서 자사 및 거래처의 손실을 줄이는 것이다. 이는 바로 자사에 대한 신뢰로 이어져 사업에 큰 도움이 된다.

보다 거시적으로는, 여러 거래처의 미팅 일지를 상호 비교해봄으로써 관련 업계의 동향을 파악할 수 있다. 이는 신규 거래를 트거나 기존 거래선을 관리하는 데도 매우 유용하다. 뿐만 아니라 업계의 변화를 남보다 빠르게 파악할 수 있어서 상대적으로 기민하고 효과적인 대처가 가능해진다.

상황에 따라 이런 미팅 일지는 비즈니스 미팅이 아닌 경우에도 활용할 수 있다. 공적이든 사적이든, 주요 또는 핵심 인맥을 소개받아 주기적으로 만나는 경우, 대화하면서 느낀 것을 자유롭게 써나가는 것이다. 처음 만났을 때 명함에 적었던 내용, 즉 만난 장소, 소개자, 만난 이유 등과 함께 인상적인 부분을 적어보자. 인상착의나 주요 대화 주제, 대화법의 특징을 떠올려 기록해보는 것도 좋다. 이후에는 위의 거래처 미팅 일지와 같이 만난 횟수와 만난 일자를 정리한다. 고향이나 가족 이야기, 잘 하는 운동이나 취미, 좋아하는 음식이나 술 등 가리지 말고 새 롭게 알게 된 내용이 있으면 메모하고, 그 사람의 인맥에는 어 떤 사람이 있고 어떤 관계를 유지하는 등도 적어 넣는다.

간혹 여러 번 만난 사이지만서도 상대에게 무심해서 실수를 하는 경우가 있다. 예를 들어, 지난번 만난 자리에서 상대가 대 입 준비를 하는 자녀가 있다는 이야기를 했는데도, 이를 잊어 버리고 자녀가 몇 살인지 또 물어보는 행위다. 이런 사소한 실수는 상대로 하여금 무시당하고 있다는 느낌을 줄 수 있다.

주요 또는 핵심 인맥에 한해서 이런 미팅 일지를 기록하는 것 은, 다음번에 그 사람을 만날 때에 무엇을 먹고 마실지, 어떤 운 동을 함께할지, 어떤 이야기를 나눌지 쉽게 정할 수 있는 좋은 자료가 된다.

✽ 미팅 일지 : 미팅 플래너 활용 예

업체명	이번 주 주요 업무 (2008.01.28 ~ 2008.02.02)

미팅 횟수 ----- 23. 김00 전무 미팅 (2008. 1. 29)

1) 본사 OEM 정책 확정 안 됨
 ① 본사에 분위기 띄우고 있음
 ② I/O 커넥터 플러그 검토해볼 것

2) OOO 사업부에서 LVDS ASSY 전체를 제안하고 있음
 ① 귀사도 협력할 부분이 많을 수 있음
 ② 하네스 업체: A사, B사, C사

미팅 내용

3) SOCKET 커넥터 제안: 샘플 제출했음

4) OOO 사업부에서 I/O 커넥터 검토 중
 ① 도면 제시할 테니 검토 바람
 ② 20PIN이 국내 규격으로 갈 듯

A사
 ③ SOCKET 쪽은 사양 확정됨
 ④ 플러그 세 종류는 다음 달에 사양 확정

다음 미팅 예정 ----- 5) 2월에 귀사 방문 예정

24. 강00 부장 미팅 (2008. 2. 1)
 ----- 미팅 담당자 이름
 미팅 날짜
1) OEM 진행 검토 요청
 ① GLOBAL 월 200만 개 소요
 ② 한국에서만 월 100만 개 필요
 ③ OO사가 주 업체임
 ④ 견적, 납기, CAPA 요청
  — A. 금형비 지원 시
  B. 5만 제시 때

25. 2월 7일, 김OO 전무 미팅 예정

    1) 견적
    2) 납기   협의할 내용
    3) CAPA 협의

26. 2월 9일, 강OO 부장 미팅 예정

                                     이번 주 미팅 날짜와
    1) 세부 사양 협의   담당자를 적는다.
    2) 당사 도면 제시

- 업무가 원활하게 추진되고 있는지 수시로 확인한다.
- 미팅 일자에 일련번호를 붙여 몇 번째 미팅인지 표기한다.
- 관계부서와 협조할 사항은 따로 표시한다.
- 활발한 거래처는 A 거래선, 신규나 가망 거래처는 B 거래선으로 구분한다.
- 담당자가 바뀌어도 업무에 차질이 생기지 않는다.

일일 체크표_ 물샐틈없이 관리한다

　한 달에 몇 차례씩 연락을 주고받으며 집중 관리해야 할 사람이 있다면, 한 달 단위의 일일 체크표를 만들어서 관리하자.

　앞서 설명한 월간 체크표가 핵심 인맥과 장기적인 관계를 유지하기 위해 만든 것이라면, 이 일일 체크표는 단시간에 집중적으로 관리해야 하는 사람들을 대상으로 한다. 즉 한 달에 몇 번은 특별한 용무가 없더라도 반드시 연락을 주고받아야 하는 사람들이 대상이다.

　내 경우는 앞에서 분류한 B 거래선, 즉 신규 계약 체결 고객이나 가망 고객을 대상으로 일일 체크표를 사용한다. 또한 회사 직원들에게도 각자의 일일 체크표를 만들어 사용하게 하고, 정기적으로 내가 직원들의 것을 체크해 놓치는 부분이 없도록 독려한다.

일일 체크표는 한 장에 한 달분 일자가 모두 들어 있기 때문에 메모할 수 있는 공간이 한정되어 있다. 따라서 기호를 이용해 표시한다. 예를 들어 방문은 'v', 전화 통화는 't', 문자 메시지는 'm', 이메일 송신은 'e'와 같은 식이다.

일일 체크표에 있는 사람들에게는 자주 연락하여 수일 간격으로 기호가 표시되도록 노력한다. 이처럼 일일 체크표를 기록하다 보면, 가급적 많은 사람들과 자주 연락하고 싶은 욕심이 생기고 저절로 신경 쓰게 된다. 그런 면에서 일일 체크표는 매우 효과적이다.

* 일일 체크표 활용 예

항목	일자	1	2	3	4	5	6	7	8	9	10	11	12
	요일	토	일	월	화	수	목	금	토	일	월	화	수
A사 마케팅부						t				e			
A사 홍보부				v							v		
A사 전략사업부					t								
B사 기획팀						e					e	e	t
B사 영업부													
B사 생산부											v		
C사 생산관리부													
C사 영업관리부					v				m				
C사 연구개발부			e				v				t		
D사 마케팅부				t	t	v					t	t	
E사 영업부				t		v					e		
F사 미래사업부		t						t					
G사 개발부		m		t	t	v					t		

거래처 or 고객

문자 발송

방문 상담

· v: 방문 상담
· t: 전화 상담
· e: 이메일
· m: 문자 발송

13	14	15	16	17	18	19	20	21	22	23	24	25	26	27	28	29	30	31
목	금	토	일	월	화	수	목	금	토	일	월	화	수	목	금	토	일	월
	t					m					m					e		
			v						m								e	e
																	e	
						e				t						e		
							t										e	e
			e											t				
	e						v				t					e		
	e					t										e		e
										t				t		e		
											v							
																		e
			t															e
t							t			e				t				

이메일

전화 상담

• 한 달에 몇 차례 연락을 주고받으며 집중 관리해야 할 사람을 대상으로 한다.
• 단시간에 집중적으로 관리해야 할 사람도 대상이다.
• 특별한 용무가 없더라도 반드시 연락을 주고받아야 할 사람도 대상이다.
• 신규 고객이나 가망 고객 등에 매우 유용하다.
• 메모 공간이 한정되어 있으니 기호를 정해서 표시하면 편리하다.
• 수일 간격으로 기호가 표시되도록 노력한다.

마당발보다는
진실한 관계를
추구하라

6

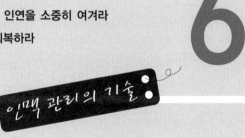

인맥 관리의 기술

■ ■ ■

지난 20여 년 동안 나는 인맥이란 저절로 엮어지는 것이 아니고 꾸준한 노력에 의해 만들어진다는 점을 깨달았다. 진실한 노력과 희생이 있어야만 주위에 사람이 모인다는 사실도. 학교생활이건 사회생활이건 수많은 사람을 만나게 되는데, 그러한 만남을 지속하고 유지하기 위해서는 말뿐 아니라 행동으로 보여야만 상대가 피부로 느끼고 공감해준다.

나는 개인적으로 '마당발'이란 표현을 싫어한다. 이 사람도 알고 저 사람도 아는 식으로 인간관계를 백화점에 진열된 상품처럼 생각해서는 그 사람을 진정 알고 있다고 말하기 어렵다. 우리는 학교에 입학하고 직장생활을 하기까지 얼마나 많은 사람과 만나게 되는가? 그 중 내가 어려움을 겪고 있을 때 다가가서 도움을 청할 수 있는 사람이 몇이나 되는지 곰곰이 생각해보고 손꼽아보라. 인생의 진로에 대해서 마음 터놓고 대화하거나 조언을 들을 수 있는 사람이 과연 몇이나 되는지도.

'구슬이 서 말이라도 꿰어야 보배'라고 했다. 인간관계도 마찬가지다. 주변에 알고 지내는 많은 사람을 진정한 '내 사람'으로 만드는 노력이 필요하다. 이런 노력을 통해 사람들을 인생의 동반자로 만들어가는 일은 삶의 여정을 더욱 풍요롭게 할 것이다.

만난 지 한 달 이내에
반드시 연락하라

　어떤 이유든 간에 누군가를 만났다면 최소한 한 달 이내에는 특별한 용무가 없어도 연락해서 인사하는 것이 좋다. 나보다 나이가 많든 적든, 직책이 높든 낮든 상관없다. 무조건 내가 먼저 연락을 취해 "지난번 인사드렸던 　○○○입니다. 그동안 잘 지내셨는지요?"라고 안부 인사를 전한다. 그리고 "시간이 나신다면 15일쯤 다시 한 번 뵙고 싶은데요, 괜찮으십니까?"라고 새 약속을 잡는다. 이렇게 다음 만남의 물꼬가 트이면 이후의 만남은 어렵지 않게 성사된다.

　다음 약속이 여의치 않으면 틈틈이 문자나 이메일을 보내 그 사람의 안부를 묻는 것도 좋은 방법이다. 내가 상대를 잊지 않았음을 상기시켜주는 것이다. 처음에는 대수롭지 않게 여기다

가도 진심을 다하는 모습에 상대가 나를 달리 보게 된다.

거래처에 연락 한 번 없이 무관심하게 지내다가 필요할 때만 연락해서 "이러저러한 용무가 있으니 만나 달라"고 하면 어느 누가 반갑게 맞아주겠는가. 특별한 용무가 없더라도 평소에 문자라도 보내서 건강은 괜찮은지, 아이들은 잘 크고 있는지, 요새 경기가 안 좋은데 사업은 잘되고 있는지 챙기는 것이 좋다.

특별한 주기는 정하지 않아도 된다. 이 책에 나와 있는 인맥 관리 플래너를 작성하다 보면 저절로 알맞은 시기가 보일 것이다. 다만 진심에서 우러나오는 마음으로 연락해야 하고, 통화하기 전에 어떻게 이야기를 이끌어갈 것인지 생각해두는 편이 좋다. 상대가 불편해하거나 민감하게 여길 만한 이야기는 꺼내지 않는다.

거창하게 선물을 보내고 자꾸 찾아가 만날 필요까지는 없다. 사람 마음이라는 게 평소에 사소한 것 하나라도 신경 써주는 게 더 기억에 남는 법이다. 시간이 나거나 그 사람이 생각날 때 문자 하나, 이메일 한 통이라도 보내보자. 근처에 갈 일이 있으면 그 핑계로 통화라도 한 번 하고, 차 한 잔이라도 마시자. 어떤 관계든 우리의 인연이 소중하다는 진실한 마음으로 말이다. 마지못해, 혹은 무언가 원하는 게 있어서 형식적으로 하는 것이라면 차라리 하지 않는 게 좋다. 안 하느니만 못하다.

■ 상대에게 꾸준한 관심을 보이는 방법 ■

1. 최소한 한 달 이내에 연락하라

2. 반드시 다음 약속을 잡아라

3. 문자, 이메일을 보내 안부를 물어라

4. 전화할 때는 미리 할 이야기를 준비하라

5. 평소 사소한 일에도 신경 써라

6. 형식이 아닌 진실한 마음을 가져라

귀 기울여 듣고
작은 감동을 선사하라

인간관계의 기본은 '주고받는Give & Take' 게 아니라 '주고 또 주는Give & Give' 것임을 알아야 한다. 항상 상대의 이야기를 귀 기울여 듣다 보면, 상대에게 필요한 게 무엇인지 알게 된다. 이 것을 바탕으로 상대에게 계속적으로 새로운 정보를 주거나, 물적·심적 도움을 줄 수 있는 관계를 형성해나갈 때 상대에게 꼭 필요한 인물로 자리 잡을 수 있다. 이러한 생각이 당장은 손해 보는 일 같지만, 시간이 갈수록 오히려 더 크게 되돌려 받고 있음을 느끼는 날이 올 것이다.

사람은 의외로 사소한 것에 감동받는다. 상대가 나를 오랫동안 좋은 감정으로 기억할 수 있게 하려면, 언제나 작은 일이라도 정성을 다해 최선을 다하는 모습으로 감동을 느끼게끔 해야 한다. 물론 이렇게 하려면 개인적 희생도 감수할 수 있는 마음의 준비가 되어 있어야 한다.

내 경우는 의도적으로 감동을 주려고 하기보다는 평소 진심에서 우러나오는 마음으로 상대를 돕는다. 병원에 병실을 잡아주기도 하고, 까다로운 법률 지식에 관해 도와줄 사람을 소개시켜 주기도 하고, 자녀의 대학 입학에 관한 정보를 찾아주기도 하고, 각종 민원에 관계된 일을 도와주기도 하는 등 여러 가지로 내가 도울 일이 있을 경우 상대와 같은 심정이 되어서 함께 어려움을 나누고, 할 수 있는 한 모든 노력을 동원해서 정성껏 힘을 쏟는다.

진심으로 상대를 돕겠다는 마음이면, 아무리 어려운 일이라도 저절로 술술 풀리는 경우를 많이 경험했다. 그러다 보니 상대가 생각했던 것보다 두세 배 결실이 나타나서 자주 '감동받았다. 정말 고맙다'는 인사를 듣곤 했다. 상대의 어려움을 내 일처럼 느끼는 '동체대비同體大悲'의 마음자세라면 몇 배의 힘으로 문제를 해결해낼 수 있다고 나는 확신한다. 이렇게 한마음이 되어 난제를 해결하고 나면 영원한 인맥, 삶의 동반자로 남게 되는 것이다.

■ 상대에게 필요한 사람이 되는 법 ■

1. 인간관계는 주고 또 주는 것임을 명심하라

2. 물적 · 심적 도움을 줄 수 있는 관계를 형성하라

3. 작은 일이라도 최선을 다해 감동을 주어라

4. 개인적 희생도 감수할 수 있는 마음을 지녀라

5. 진심에서 우러나오는 마음으로 상대를 도와라

6. 상대의 어려움을 내 일처럼 생각하라

약속은 반드시 지켜라

우리는 세상을 살면서 약속이라는 것을 한다. 출퇴근 시간도 일종의 약속이다. 즉 약속이란 '정하다' 란 의미가 내포되어 있다. 따라서 그 내용을 지키고 실행해야 한다. 상대는 그 약속을 지키기 위해 한껏 노력을 기울이고 준비했는데, 이쪽에서 별말 없이 취소하거나 이행할 수 없다고 말하면 어떻게 될까? '믿을 수 없는 사람' 으로 낙인찍히는 것은 물론이거니와 이러한 일이 반복되면 그동안 유지해왔던 관계마저 무너질 수 있다. 특히 비즈니스 관계에 있어서 한 번 약속한 사항은 반드시 지켜야 한다. 부득이 약속 이행이 어려울 때에는 사전에 연락을 취해 솔직한 사정을 말하고 양해를 얻어야 한다.

인간 사회에서 신용과 신뢰는 매우 중요한 요소다. 약속을 잘

지키지 않으면 신용과 신뢰가 무너져 대화조차 어렵게 된다. 눈앞의 달콤한 잇속을 챙기기 위해 약속을 어기는 어리석은 짓을 해서는 안 된다.

　가끔 지나가는 말로 "이 다음에 술이나 한잔하시죠"라고 말하는 경우가 있다. 나는 되도록 이런 공수표를 남발하지 않기 위해 노력한다. 만약 이런 이야기가 나오면, 그 자리에서 수첩을 꺼내 확실한 날짜를 정한다. 내게는 그저 그런 인사치례가 아닌 약속이기 때문이다. 아무리 사소한 것일지라도 지키는 태도가 중요하다. 그렇지 않으면 습관이 되어 정작 중요한 약속까지 날려버리는 수가 있다. 따라서 절대 경계해야 한다.

내 고등학교 동창인 모 그룹 동경연구소 소장은 가끔 업무 차 한국에 오는데, 언제 한번 그가 한국에 들어오면 꼭 같이 술 한잔하자고 약속을 했다. 어느 날 밤, 10시경에 그 친구가 한국에 들어왔다며 만나자고 전화가 왔다. 그런데 그날, 나는 지독한 몸살감기가 걸려 누워 있던 터라 집에서 쉬고 싶은 마음이 굴뚝같았다. 하지만 전부터 한국에 오면 한잔하자고 약속한 터였다. 나는 의왕에 있는 자택에서 그가 묵고 있는 강남의 호텔까지 한달음에 달려갔다.

시각은 밤 11시. 고등학교 친구인 우리는 이미 늦은 시간도 아랑곳하지 않고 소주잔을 기울이면서 이야기꽃을 피웠고, 그렇게 시작된 술자리는 다음날 새벽 2시가 되어서야 마무리되었다. 다음 날 감기가 심해진 나는 출근도 못하고 병원에 가서 치료를 받는 처지가 되었지만, 약속을 지켜서 다행이라고 생각했다.

사실 불가피한 약속도 많고, 그것까지 일일이 지키다 보면 손해나는 일도 있다. 그렇다고 해서 약속을 철석같이 지키는 내 신조를 후회한 적이 한 번도 없다. 약속을 지키는 일은 당연하며, 그래야 하기 때문이다. 약속을 취소하거나 변경하기 위해 이러저러한 변명을 하기 시작하면 어느새 습관이 된다. 그러면 사람들로부터 신뢰를 잃어버리고 내 평가는 땅에 떨어진다. 결국 더 큰 손해로 내게 돌아온다. 정말로 피치 못할 사정이 아니라면 약속은 꼭 지켜야 한다.

상대의 부탁은
반드시 들어줘라

인간관계가 깊어지면 부탁을 하거나 들어주어야 할 때가 있다. 부탁이란 이루고자 하는 일이 내 힘만으로는 어려울 때 상대에게 도움을 요청하는 것으로서, 부탁하는 입장이나 부탁을 받는 입장이나 모두 신중한 태도가 필요하다. 부탁을 받은 당사자가 처리하기 어려운 일도 존재하고, 무리한 부탁은 외려 부담감을 안겨주어 애써 쌓은 인맥이 무너질 위험도 있다. 그러면 어떻게 하는 것이 좋을까?

먼저 내가 상대에게 무언가 부탁할 일이 생겼을 경우를 보자.

일단 부탁을 해도 되는 일인지 아닌지 신중하게 생각해야 한다. 부탁하는 일이 상대에게도 해결하기 어려운 일일 수 있다. '되면 좋고, 안 되도 그만'이라는 식의 부탁을 할 거라면 애초에 말을 꺼내지 말라. 괜히 상대를 떠보는 것처럼 여겨져 상대의 감정이 상할 수 있다.

또한 말을 빙빙 돌리지 말고 본론을 확실하게 말해서 상대가 내 의도를 분명히 알아차리게 해야 한다. 아무래도 누군가에게 무언가를 부탁하기란 어려운 일이다. 그래서 서론을 길게 늘어놓거나 본론을 잘 말해놓고도 장황하게 부연 설명을 하는 경우가 많은데, 이러면 외려 역효과가 생긴다. 무엇을 부탁하고 싶은 것인지 상대가 이해하지 못하는 일도 생길 수 있고, 자기 힘으로 안 되는 일이라면 길게 이야기를 듣고 있는 상황 자체가 부담이 될 수 있기 때문이다.

게다가 부탁할 때는 사안의 경중을 솔직하게 밝혀야 한다. "이번 일은 사업상 꼭 해결되어야 하니 도움을 주면 그 은혜 꼭 갚겠다"라거나 "시일이 쫓기는 일은 아니니 무리하게 처리할 필요는 없다"라는 식으로 설명을 해주면, 부탁받은 입장에서도 그에 맞춰서 일을 진행할 수 있어서 한결 부담이 덜하다.

어쨌든 간에 부탁은 일종의 빚이다. 그렇기에 함부로 해서도 안 되고, 너무 자주해서도 안 된다는 점을 명심하라.

그러면 이번에는 내가 부탁을 받는 경우를 보도록 하자.

누군가의 부탁을 받았다면, 상대의 심정을 먼저 헤아리도록 해야 한다. '오죽 긴박했으면 내게 다 부탁을 했을까?' 하고 상대의 마음을 이해해야 한다. 남에게 부탁을 한다는 것 자체가 이미 어려움에 직면했거나 누군가의 도움을 받아 해결해야 할 일이 생겼다는 것을 뜻하기 때문이다.

누군가 내게 부탁을 했다는 것은 그만큼 나를 신뢰하고 있다는 증거다. 따라서 귀찮게 여기기보다는, 내가 부탁을 들어줄 수 있는 위치에 놓여 있음을 고맙게 여겨야 한다.

내가 해결해줄 수 있는 문제라 여기고 부탁을 받아들였다면, 가능한 성심을 다해 도와라. 괜히 도와준다고 큰소리 쳐놓고 흐지부지 일 처리를 해버리면 도와주지 않는 것만 못하다. 게다가 어려운 처지에 있는 상대의 마음을 더 헤집어놓아 인맥이 끊기는 사태가 벌어질 수도 있다.

막상 부탁받은 일을 해결하다 보면 여건상 도와주는 게 도저히 불가능할 때도 있다. 그럴 때는 있는 사실 그대로 이야기해야 한다. 어떤 이유로 도움을 줄 수 없는지 솔직하게 말하라. 그래야 상대도 괜한 추측으로 상처받지 않고 다른 전략을 짤 수 있다. "진작 이야기하지 그랬어" "최선을 다했는데도 어렵더라"라는 말은 쓸모없으니 아예 하지 않는 게 좋다. 차라리 현 상황에 대한 위로를 하고, "도움이 못 되서 미안하다"라는 말과 함께 격려해주는 편이 훨씬 더 낫다.

　누군가에게 부탁을 하든, 누군가에게 부탁을 받든 서로 도움을 주고받는 관계는 이미 소중한 인맥임을 방증하는 것이다. 부탁을 하거나 도움을 줄 때는 상대의 입장을 충분히 파악해서 난처하지 않도록, 서로에게 이익이 되도록 최선을 다해야 한다. 그렇게 해야 서로가 부탁을 들어주지 못했을 때에도 감사와 격려의 마음을 나눠 더욱 탄탄한 인맥으로 발전하는 것이다.

■ 부탁을 할 때 ■

1. 꼭 부탁해야 하는 일인지 신중하게 생각한다

2. 되면 좋고, 안 되도 그만일 때는 처음부터 말을 꺼내지 않는다

3. 사안의 경중을 처음부터 확실하게 말한다

   부탁은 일종의 빚이다.
   함부로 하거나 너무 자주하지 않도록 주의한다.

■ 부탁을 받았을 때 ■

1. 상대의 처지를 먼저 이해하고 파악한다

2. 들어줄 수 있는지 없는지 확실하게 말한다

3. 도움을 줄 수 없다면 그 이유를 솔직하고 명확하게 말한다

4. 위로하고 격려한다

   부탁받은 일은 가부를 확실하게 알려야 한다.
   그래야 상대가 대처하는 데 있어서 어려움을 덜 겪는다.

각종 경조사를 정성껏 챙겨라

사람들을 만나고 챙기다 보면 크고 작은 경조사 소식을 듣게 된다. 이런 소식을 들었다면 당연히 기쁜 일은 가서 축하해주고 슬픈 일은 위로해줘야 한다. 그것이 우리네 인지상정이다. 불가피한 사정이 있다면 최소한 통화라도 해야 한다.

다만 많은 사람과 교류하다 보니 일일이 통보받지 못하는 경우도 생기는데, 이럴 때를 대비해 주변 사람들이 알려줄 수 있는 통로를 만들어놓아야 한다. 이 또한 내 인간관계를 나타내주는 하나의 지표다.

경조사는 크게 결혼식, 돌잔치, 회갑 잔치, 칠순 잔치, 부모님 상을 들 수 있는데, 이런 중요한 날은 꼭 챙기도록 한다. 특히 부모님 상 같은 조사弔事는 꼭 신경 써야 한다. 사람은 기쁜 날

축하를 받는 것보다 힘들고 슬플 때 위로 받는 것을 더 기억한다. 함께 기뻐해주는 것보다는 함께 아픔을 나눠주는 일이 더 힘들기 때문이다. 어려울 때 동고동락한 사람을 더 추억하는 것은 이러한 맥락이다. 요즘 같은 때는 명예퇴직도 조사에 포함된다고 볼 수 있다. 나는 이런 경우 가급적 빨리 찾아가서 위로와 격려의 말을 건네고 향후 거취에 대해 같이 의논하는 편이다.

불가피하게 참석하지 못할 때에는 가족이나 절친한 사람을 대신 보내도록 한다. 혹여 제때 소식을 듣지 못해 당시에 찾아가지 못했다면, 나중에라도 알게 되었을 때 통화를 해 인사를 건네고 경조비를 보내는 것이 좋다.

이 외에도 상급학교 진학, 중요한 시험, 임신 및 출산, 진급, 창업 등 의미 있는 경사들도 많다. 간단한 축하 문자나 이메일이라도 보내는 것이 좋다. 나는 진급이나 창업 소식을 들었을 때는 축전이나 난을 보내 축하의 뜻을 전하곤 하는데, 이런 작은 일도 챙겨주면 받아들이는 입장에서는 더욱 각별한 고마움을 느낀다.

● 소식을 들었을 때

1) 직접 찾아간다.

2) 피치 못할 사정이 있을 시에는 가족이나 절친한 사람을 보낸다.

3) 최소한 통화라도 해서 마음을 전한다.

● 경조사 알아내는 법

1) 평소 다양한 인맥을 맺어 연락해주는 연결고리를 만들어둔다.

2) 신문의 부고란이나 잡지의 각종 소식란을 살펴본다.

● 경조비 및 선물 증정

1) 경조비는 보편적 기준을 따른다. 홀수 금액  으로 3만 원, 5만 원, 7만 원 정도에서 하되, 친밀도에 따라 10만 원 이상도 가능하다. 단 기업마다 10만 원을 상한선으로 정해두는 곳도 있으니 잘 알아보고 한다.

2) 생일 선물은 당사자의 평소 취향을 고려해 필요한 것으로 한다. 가능한 내가 직접 써보고 좋다고 판단되는 것을 우선적으로 고려해야 실패하지 않는다.

3) 진급이나 창업 등에는 난 같은 화분, 고급 펜이나 업무 관련 책자 같은 필요한 물품을 선물한다.

4) 평소 고마운 마음을 전할 때에는 영화 DVD나 음악 CD, 도서 등이 적합하다. 상대의 취향을 고려할 수 있으면서도 비싸지 않아 부담이 덜하다. 특히 코드가 비슷한 사람끼리는 선물 자체가 두 사람 사이에 또 다른 매개체가 될 수 있다.

이해관계를 떠나서 인연을 소중히 여겨라

직장생활을 오래하다 보니 업무적으로 알게 된 사람들이 참으로 많다. 그래서 이런저런 사람을 많이 봐왔는데, 자기에게 직접적인 영향을 미칠 때는 더없이 좋은 친분을 유지하다가 상대의 보직이 바뀌면 언제 봤냐는 듯이 대하는 사람이 더러 있었다. 마치 사람을 상품 취급하듯이 생각하는 사람들. 나는 이런 사람들은 기본이 안 되어 있다고 본다. 사람을 마치 일용품처럼 필요할 때는 요긴하게 잘 쓰다가 용도가 상실되면 버리는 사람들은 기본적으로 인간에 대한 예의를 지킬 줄 모르는 사람이라고 여겨진다.

옛 선현들은 "사람의 인연은 생명처럼 소중하다"고 했다. 물론 직접적으로 업무가 진행될 때는 빈번하게 만나게 되니 여느

때보다 더 신경 쓸 수밖에 없다. 또 그럴 필요도 있다. 하지만 사람 인연이란 게 언제 어디서 다시 이어질지 모른다. 이번 업무 관계가 청산되었다고 해서 다음에 다른 일로 다시 만나지 말란 법은 없다.

실제로 냉정하고 약삭빠르게 처신하는 사람은 얼마 못 가서 "그 사람 원래 그래"라는 평가가 쫙 퍼진다. 다시는 그 사람과 일하고 싶어 하지 않는다. 과연 누가 손해일까?

이해관계를 떠나서 인간관계는 그렇게 하면 안 된다. 외려 이해관계가 끝날 때 더 관심을 나타내고 소중하게 여겨야 한다. 그때는 진정어린 인간관계가 맺어지고 평생 함께할 수 있는 동료 혹은 친구로 남을 수 있다. 세상살이 믿고 의지할 수 있는 사람이 하나 더 생겼다고 해서 나쁠 것 없다.

대부분의 사람들에게 오랫동안 의미 있게 지속되는 인간관계는 얼마 없을 것이다. 그것은 필요할 때 가까이 하고, 필요 없을 때 멀리하는 성향 탓이다. 관계를 오래 유지하는 것은 자신에게 달렸다. 보다 본질적인 관계에 초점을 맞추고, 상대에게 무언가를 베풀 수 있는 마음가짐을 지녀라.

소원해진 관계를 회복하라

비즈니스를 하다 보면 업무적인 마찰로 인해서 관계가 소원해질 경우가 있다. 이때 평소에 주변 사람들과 탄탄한 신뢰관계를 쌓아두었다면 일이 원만하게 해결된다. "그 사람 업무적인 견해가 틀렸다고 해서 사람 다시 안 보거나 하지 않아"라는 평가를 평소에 받고 있다면, 주변 사람들이 알아서 소원해진 사람과 불편한 관계를 해소해주기 때문이다.

거래처 담당자가 바뀌어서 멀어지는 경우도 있다. 거래처 담당자가 부서를 옮기거나 이직으로 연락이 끊기는 경우다. 이럴 때는 전화 통화를 하거나 이메일을 보내서 다시 연락을 시도하는 것이 좋다.

"회사를 옮기신 줄 몰랐습니다. 그래, 새로 옮긴 회사 분위기는 어떤지요? 일은 잘되고 있습니까?"

간단한 인사말일지라도, 상대는 내가 보여주는 관심으로 인해 달리 보게 된다. 그렇게 되면 업무적인 관계를 떠나 인간적인 가치를 인정받게 된다.

사적인 관계도 사소한 의견 차이나 실수로 내뱉은 한마디 말로 사이가 틀어질 수 있다. 그렇다고 해서 가만히 앉아 있으면 안 된다. 적극적으로 나서서 털고 일어나야 한다. 내가 잘못한 것이 있다면 먼저 사과하여 관계를 회복하고, 상대가 미안해서 내게 선뜻 연락을 못하는 경우라면 아무렇지 않게 안부를 묻는 식으로 접촉을 시도해 다시 연결고리를 만들어야 한다.

당사자 간에 직접 연락하기가 곤란하다면 주위 사람들의 도움을 받아도 좋다. 그러기 위해서는 평소 주변 사람들과 관계가 좋아야 함은 물론이거니와 내가 받는 평가도 늘 일정해야 한다. 애초 믿을 만하고 정직한 사람으로 평가를 받고 있었다면, 이런 일이 생겼을 경우 주위에서 먼저 알아서 발 벗고 나서서 도와주기도 한다.

성공하는 인맥 관리의 기술

만난 지 한 달 이내에 반드시 연락하라

귀 기울여 듣고 작은 감동을 선사하라

약속은 반드시 지켜라

상대의 부탁은 반드시 들어줘라

각종 경조사를 정성껏 챙겨라

이해관계를 떠나서 인연을 소중히 여겨라

소원해진 관계를 회복하라

인맥은
동행이다

7

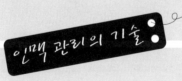
인맥 관리의 기술

■ ■ ■

어떤 사람의 희망은 미술에 있고, 어떤 사람의 희
망은 명예에 있고, 어떤 사람의 희망은 황금에 있
다. 그러나 나의 큰 희망은 사람에 있다.

- 윌리엄 부스

인맥은 동행이다

옛 속담에 '기쁨은 합치면 배가 되고, 슬픔은 나누면 반이 된다' 라고 했다. 사람은 서로 의지하고 지탱해주면서 살아가야 행복도 커지는 법이다. 서로가 괴로움과 슬픔을 함께 나누어 살아가는 것. 여기에서 삶의 깊은 의미가 드러난다.

선禪에서는 모든 것이 일체화되어 자타의 구별이 없어져 서로 마음이 통하는 경지를 '무심無心' 이라고 한다. 무심이 되면 자타가 하나가 되어 이해관계가 사라지고 일체의 존재에 대해 무한한 사랑, 즉 대자대비의 마음이 된다. 여기서 '대자大慈' 는 타인의 기쁨이 내 기쁨이 되는 것이고, '대비大悲' 는 타인의 고통을 자기 고통으로 삼는 것이다. 함께하는 인맥이 같은 길을 가는 동행, 즉 동반자가 되려면 이러한 대자대비의 마음을 지니고 있어야 한다.

물론 '사촌이 땅을 사면 배가 아프다'고, 남의 행복을 기원해 주기란 그리 쉬운 일이 아니다. 하지만 '콩 심은 데 콩 난다'고 좋은 사람 곁에는 좋은 사람들이 모여드는 법이다. 내가 타인에 대해 배려 있게 행동하고 행복을 기원하면 내 주변에도 그런 사람이 모여든다. 조금만 넓은 마음으로 사람들을 대해보자. 만나는 그 자체만으로도 즐겁고 기쁜 일이 될 것이다.

경영자가 눈앞의 이익에만 집착하지 않고 긴 안목으로 세상과 타인을 위한 경영을 한다면, 그로 인해 반드시 훌륭한 직원과 거래처를 얻고 고객으로부터 꾸준한 사랑을 받게 될 것이다.

미국의 사업가이자 펜실베이니아 대학교 설립자인 벤자민 프랭클린은 "내가 나만을 위해 일했을 때에는 나를 위해 열심히 일한 사람은 나 자신뿐이었지만, 내가 생각을 돌려 모두를 위해 일하게 되었을 때에는 모든 사람이 나를 위해 열심히 일해주었다"고 술회한 적이 있다. 세상을 위하고 남을 위하면, 모든 사람이 행복해질 수 있는 길에 연결되고 통할 수 있기 때문에 누구든지 그것을 자기를 위한 것으로 인식하여 협력을 아끼지 않는다는 말이다.

인간은 혼자서는 살아갈 수 없기에 국가나 기업, 사회, 가족 같은 공동체가 필요하다. 그리고 그런 공동체가 발전하려면 공동체를 위해 자기희생적으로 일하는 사람이 필요하다. 이러한 사람들이 계속 배출되는 공동체는 발전을 거듭할 것이고, 그렇지 못한 공동체는 쇠퇴할 것이다. 인생의 먼 여정을 함께 가야 할 구성원을 '동행同行'이라고 한다면, 동행의 중심에는 반드시 자기희생적인 사람이 있게 마련이다. 그런 사람에게 사람들이 모이고 집단을 이끌어가는 힘이 응결되어 솟아나는 원심력이 된다.

이러한 공동체를 위한 자기희생은 서로에 대한 믿음이 전제되지 않으면 일어날 수 없다. 자기희생도 결국 자기를 알아주는 사람, 자기가 믿을 만한 사람을 위해 하는 것이기 때문이다. 그러나 처음에 모르던 사람이라 할지라도 마음을 나누게 되면 아는 사람이 되고, 이후 신뢰가 형성되면 상호간에 친분이 있는 사이로 전환된다. 이렇게 끈끈한 인맥을 맺게 되는 것이다. 내가 '인맥은 동행이다'라고 말하는 이유도 바로 이 때문이다. 불완전한 존재인 인간은 태어나서 죽을 때까지 누군가와 동행할 수밖에 없다.

지금 이 시간, 인생의 여정을 함께해줄 동반자가 몇 명이나 있는지 주의를 돌아보자. 내가 동반자를 찾듯이 나도 다른 이의 동반자가 되자. 이런 사람들이 서로 관계를 맺으며 즐겁게 사는 세상, 생각만 해도 행복하지 않은가?

인맥의 달인이 공개하는 인맥 관리의 기술

인맥관리 플래너

부 록

업체명	이름	1월	2월	3월	4월

5월	6월	7월	8월	9월	10월	11월	12월

업체명	이름	1월	2월	3월	4월

5월	6월	7월	8월	9월	10월	11월	12월

업체명	이름	1월	2월	3월	4월

5월	6월	7월	8월	9월	10월	11월	12월

업체명	이름	1월	2월	3월	4월

5월	6월	7월	8월	9월	10월	11월	12월

항목	일자	1	2	3	4	5	6	7	8	9	10	11	12
	요일												

13	14	15	16	17	18	19	20	21	22	23	24	25	26	27	28	29	30	31

일일 체크표

v : 방문 상담, t : 전화 상담, e : 이메일, m : 문자 발송

항목	일자	1	2	3	4	5	6	7	8	9	10	11	12
	요일												

3	14	15	16	17	18	19	20	21	22	23	24	25	26	27	28	29	30	31

일일 체크표

v : 방문 상담, t : 전화 상담, e : 이메일, m : 문자 발송

항목	일자	1	2	3	4	5	6	7	8	9	10	11	12
	요일												

3	14	15	16	17	18	19	20	21	22	23	24	25	26	27	28	29	30	31

일일 체크표

v : 방문 상담, t : 전화 상담, e : 이메일, m : 문자 발송

항목	일자	1	2	3	4	5	6	7	8	9	10	11	12
	요일												

13	14	15	16	17	18	19	20	21	22	23	24	25	26	27	28	29	30	31

일일 체크표

v : 방문 상담, t : 전화 상담, e : 이메일, m : 문자 발송

항목	일자	1	2	3	4	5	6	7	8	9	10	11	12
	요일												

13	14	15	16	17	18	19	20	21	22	23	24	25	26	27	28	29	30	31

일일 체크표

v : 방문 상담,　t : 전화 상담,　e : 이메일,　m : 문자 발송

항목	일자	1	2	3	4	5	6	7	8	9	10	11	12
	요일												

13	14	15	16	17	18	19	20	21	22	23	24	25	26	27	28	29	30	31

일일 체크표

v : 방문 상담, t : 전화 상담, e : 이메일, m : 문자 발송

항목	일자	1	2	3	4	5	6	7	8	9	10	11	12
	요일												

13	14	15	16	17	18	19	20	21	22	23	24	25	26	27	28	29	30	31

일일 체크표

v : 방문 상담, t : 전화 상담, e : 이메일, m : 문자 발송

항목	일자	1	2	3	4	5	6	7	8	9	10	11	12
	요일												

13	14	15	16	17	18	19	20	21	22	23	24	25	26	27	28	29	30	31

일일 체크표

v : 방문 상담, t : 전화 상담, e : 이메일, m : 문자 발송

항목	일자	1	2	3	4	5	6	7	8	9	10	11	12
	요일												

13	14	15	16	17	18	19	20	21	22	23	24	25	26	27	28	29	30	31

일일 체크표

v : 방문 상담,　t : 전화 상담,　e : 이메일,　m : 문자 발송

항목	일자	1	2	3	4	5	6	7	8	9	10	11	12
	요일												

일일
체크표

3	14	15	16	17	18	19	20	21	22	23	24	25	26	27	28	29	30	31

v : 방문 상담, t : 전화 상담, e : 이메일, m : 문자 발송

항목	일자	1	2	3	4	5	6	7	8	9	10	11	12
	요일												

3	14	15	16	17	18	19	20	21	22	23	24	25	26	27	28	29	30	31

일일 체크표

v : 방문 상담, t : 전화 상담, e : 이메일, m : 문자 발송

항목	일자	1	2	3	4	5	6	7	8	9	10	11	12
	요일												

13	14	15	16	17	18	19	20	21	22	23	24	25	26	27	28	29	30	31

일일 체크표

v : 방문 상담, t : 전화 상담, e : 이메일, m : 문자 발송

SUN	MON	TUE

WED	THU	FRI	SAT

월간 플래너

SUN	MON	TUE

WED	THU	FRI	SAT

월간 플래너

SUN	MON	TUE

WED	THU	FRI	SAT

월간 플래너

SUN	MON	TUE

WED	THU	FRI	SAT

월간 플래너

SUN	MON	TUE

WED	THU	FRI	SAT

월간 플래너

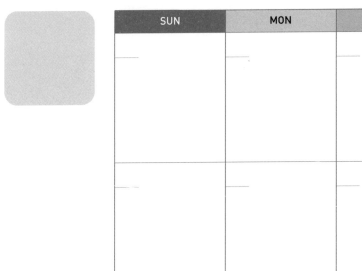

SUN	MON	TUE

WED	THU	FRI	SAT

월간 플래너

	SUN	MON	TUE

WED	THU	FRI	SAT

월간 플래너

SUN	MON	TUE

WED	THU	FRI	SAT

월간 플래너

SUN	MON	TUE

WED	THU	FRI	SAT

월간 플래너

	SUN	MON	TUE

WED	THU	FRI	SAT

월간 플래너

SUN	MON	TUE

WED	THU	FRI	SAT

일간 플래너

	SUN	MON	TUE

WED	THU	FRI	SAT

월간 플래너

주요 업무	MON	TUE	WED
이번 주	( )일	( )일	( )일

주요 업무	MON	TUE	WED
다음 주	( )일	( )일	( )일

THU	FRI	SAT	SUN
( )일	( )일	( )일	( )일

THU	FRI	SAT	SUN
( )일	( )일	( )일	( )일

주간 플래너

주요 업무	MON	TUE	WED
이번 주	( )일	( )일	( )일

주요 업무	MON	TUE	WED
다음 주	( )일	( )일	( )일

THU	FRI	SAT	SUN
( )일	( )일	( )일	( )일

주 간 플 래 너

THU	FRI	SAT	SUN
( )일	( )일	( )일	( )일

주요 업무	MON	TUE	WED
이번 주	( )일	( )일	( )일

주요 업무	MON	TUE	WED
다음 주	( )일	( )일	( )일

THU	FRI	SAT	SUN
(　　)일	(　　)일	(　　)일	(　　)일

주간 플래너

THU	FRI	SAT	SUN
(　　)일	(　　)일	(　　)일	(　　)일

주요 업무	MON	TUE	WED
이번 주	( )일	( )일	( )일

주요 업무	MON	TUE	WED
다음 주	( )일	( )일	( )일

THU	FRI	SAT	SUN
( )일	( )일	( )일	( )일

THU	FRI	SAT	SUN
( )일	( )일	( )일	( )일

주간 플래너

주요 업무	MON	TUE	WED
이번 주	( )일	( )일	( )일

주요 업무	MON	TUE	WED
다음 주	( )일	( )일	( )일

THU	FRI	SAT	SUN
( )일	( )일	( )일	( )일

THU	FRI	SAT	SUN
( )일	( )일	( )일	( )일

주간 플래너

주요 업무	MON	TUE	WED
이번 주	( )일	( )일	( )일

주요 업무	MON	TUE	WED
다음 주	( )일	( )일	( )일

THU	FRI	SAT	SUN
( )일	( )일	( )일	( )일

주간 플래너

THU	FRI	SAT	SUN
( )일	( )일	( )일	( )일

주요 업무	MON	TUE	WED
이번 주	( )일	( )일	( )일

주요 업무	MON	TUE	WED
다음 주	( )일	( )일	( )일

THU	FRI	SAT	SUN
(　　)일	(　　)일	(　　)일	(　　)일

THU	FRI	SAT	SUN
(　　)일	(　　)일	(　　)일	(　　)일

주간 플래너

주요 업무	MON	TUE	WED
이번 주	( )일	( )일	( )일

주요 업무	MON	TUE	WED
다음 주	( )일	( )일	( )일

THU		FRI		SAT		SUN	
(	)일	(	)일	(	)일	(	)일

주간 플래너

THU		FRI		SAT		SUN	
(	)일	(	)일	(	)일	(	)일

주요 업무	MON	TUE	WED
이번 주	( )일	( )일	( )일

주요 업무	MON	TUE	WED
다음 주	( )일	( )일	( )일

THU		FRI		SAT		SUN	
(	)일	(	)일	(	)일	(	)일

주간 플래너

THU		FRI		SAT		SUN	
(	)일	(	)일	(	)일	(	)일

주요 업무	MON	TUE	WED
이번 주	( )일	( )일	( )일

주요 업무	MON	TUE	WED
다음 주	( )일	( )일	( )일

THU	FRI	SAT	SUN
( )일	( )일	( )일	( )일

주간 플래너

THU	FRI	SAT	SUN
( )일	( )일	( )일	( )일

주요 업무	MON	TUE	WED
이번 주	( )일	( )일	( )일

주요 업무	MON	TUE	WED
다음 주	( )일	( )일	( )일

THU	FRI	SAT	SUN
( )일	( )일	( )일	( )일

THU	FRI	SAT	SUN
( )일	( )일	( )일	( )일

주간 플래너

주요 업무	MON	TUE	WED
이번 주	( )일	( )일	( )일

주요 업무	MON	TUE	WED
다음 주	( )일	( )일	( )일

월

THU	FRI	SAT	SUN
( )일	( )일	( )일	( )일

주간 플래너

월

THU	FRI	SAT	SUN
( )일	( )일	( )일	( )일

주요 업무	MON	TUE	WED
이번 주	( )일	( )일	( )일

주요 업무	MON	TUE	WED
다음 주	( )일	( )일	( )일

THU	FRI	SAT	SUN
( )일	( )일	( )일	( )일

주간 플래너

THU	FRI	SAT	SUN
( )일	( )일	( )일	( )일

주요 업무	MON	TUE	WED
이번 주	( )일	( )일	( )일

주요 업무	MON	TUE	WED
다음 주	( )일	( )일	( )일

THU	FRI	SAT	SUN
(　　)일	(　　)일	(　　)일	(　　)일

주간 플래너

월

THU	FRI	SAT	SUN
(　　)일	(　　)일	(　　)일	(　　)일

주요 업무	MON	TUE	WED
이번 주	( )일	( )일	( )일

주요 업무	MON	TUE	WED
다음 주	( )일	( )일	( )일

THU	FRI	SAT	SUN
( )일	( )일	( )일	( )일

THU	FRI	SAT	SUN
( )일	( )일	( )일	( )일

주간 플래너

No	회사명	이름	핸드폰	신년	설	추석	기타

No	회사명	이름	핸드폰	신년	설	추석	기타

문자 발송표

No	회사명	이름	핸드폰	신년	설	추석	기타

No	회사명	이름	핸드폰	신년	설	추석	기타

문자 발송표

No	회사명	이름	핸드폰	신년	설	추석	기타

No	회사명	이름	핸드폰	신년	설	추석	기타

문자 발송표

No	회사명	이름	핸드폰	신년	설	추석	기타

No	회사명	이름	핸드폰	신년	설	추석	기타

문자 발송표